IN LOVE WITH REGENSBURG

KARIN VAN THOLEN & CAROLA KUPER
DIE BEIDEN AUTORINNEN

LIEBE LESERINNEN (UND NATÜRLICH LIEBE LESER),

dieses Buch ist kein gewöhnlicher Stadtführer: Es ist ein Herzensbuch und gedacht für wundervolle und einzigartige Frauen – und es ist eine Liebeserklärung an *meine* Stadt!
Es ist ein Blick auf eine Stadt, in der sich tolle Frauen tummeln, in der die holde Weiblichkeit eine besondere Klasse hat!
Egal ob Frau mit Freundinnen ein Gläschen Cremant in der charmanten Altstadt genießt oder in einer der vielen spannenden Galerien die neueste Ausstellung bewundert oder auf High Heels die Nacht durchtanzt … Regensburg ist die Stadt der Frauen!
Seit über 35 Jahren gehört mein Herz diesem wunderbaren Ort und wenn ich durch die traumhafte Altstadt mit ihren schmalen Gässchen gehe, dann denke ich immer wieder sehr dankbar auf's Neue: Ja! Hier bin ich zu Hause, mit Leib und Seele.
Lassen Sie sich, liebe Damen, verzaubern, verführen, anregen, einladen, informieren und vor allem: Genießen Sie Regensburg mit allen Sinnen!
Viel Freude in meiner Herzensheimat.

zugegeben: Als Wahl-Regensburgerin ist es ein gewagtes Unternehmen, einen Stadtführer schreiben zu wollen – das ist mir selbstverständlich bewusst. Doch der Blick von außen hilft manchmal dabei, das Besondere zu erkennen, weil es manchmal im Alltag untergeht.
Von Anfang an war ich in diese Stadt verliebt! Seither genieße ich jeden Stadtbummel, bleibe immer noch andächtig vor den alten Gemäuern stehen und freue mich über jede noch so kleine Initiative, das Altehrwürdige mit zeitgemäßen kreativen Ideen zu verbinden.
Ich wünsche mir, dass auch Sie erleben, was diese Stadt ausmacht: sie fasziniert und polarisiert, verzaubert und verwöhnt, sie ist gleichzeitig eng und weltoffen, oldfashioned und *in*. Die lebendige Kreativszene der Stadt trägt entscheidend dazu bei.
Entdecken Sie mit uns, was Ihre persönlichen Lieblingsorte in Regensburg werden könnten: Wo Sie am liebsten entspannen, sich verlieben, gut essen, Kultur erleben, am schönsten flanieren, Must-haves einkaufen, einen Kurzurlaub machen oder die Nächte unterm Sternenhimmel genießen.

Ihre Karin van Tholen

Ihre Carola Kupfer

PS: Wir haben mit viel Vergnügen recherchiert und unsere persönlichen Highlights gesammelt – subjektiv und unabhängig.
Nur auf den Seiten 35, 61, 89, 117, 143, 191, 216 finden Sie Anzeigen.

EINE KLEINE STADTGESCHICHTE über Regensburg zu schreiben, ist eigentlich gar nicht möglich – zu viel hat die alte Metropole an der Donau im Laufe der Jahrtausende schon erlebt. Deshalb erzählen wir Ihnen an dieser Stelle nur von ein paar wichtigen Ereignissen, die diese Stadt nachhaltig geprägt haben. Alles andere steht traumhaft bebildert und in wunderschönen Rundgängen aufbereitet in den zahlreichen Stadt- und Reiseführern, die Sie in der Tourist-Information bekommen. Selbstverständlich gibt es dort auch Filme und Audio-Guides in unterschiedlichen Sprachen oder Apps für Ihr Smartphone. Sie sind nach Epochen oder Themen sortiert und sehr gut geeignet, sich einen soliden Überblick zu verschaffen.

Unser Tipp: Lassen Sie sich die Stadtgeschichte besonders schmackhaft servieren, indem Sie an einer der spannenden Themenführungen teilnehmen!

Stadtansicht Regensburg

SCHON VOR DEN RÖMERN war die Region rund um Regensburg besiedelt. Die keltischen Gräberfunde aus dem 4. Jahrhundert v. Chr. beweisen, dass die Römer nicht die Ersten waren, die sich für die strategisch so günstige Lage an der Regenmündung erwärmt haben. Von den Kelten stammt vermutlich auch der Name der Stadt: *ratis* steht für Stadtmauer und *bona* für Stadtgründung. Daraus wurde später Ratisbona, wie die Italiener die Stadt heute noch nennen. Mit dem Wetter oder dem Fluss *Regen* hat der Stadtname also originär nichts zu tun.

9

Der Blick auf die Donau

DIE RÖMER jedenfalls gründeten hier etwa 80 n. Chr. ein erstes kleines Militärlager oberhalb der heutigen Altstadt, das 179 in das Areal der noch heute sichtbaren mächtigen Mauern und Tore direkt an den Fluss verlegt wurde. Vermutlich lebten sie einigermaßen friedlich mit den Bewohnern der Region zusammen und betrieben eifrig Handel. Nur so lässt sich nämlich erklären, dass nur wenige Jahrzehnte nach dem endgültigen Abzug der Römern um 470 der erste Bayernherzog Garibald im Jahr 555 die Siedlung an der Donau zur Hauptstadt kürte. Baumaterial war von den Römern genug zurückgelassen worden, weswegen man noch heute römisches Mauerwerk in vielen mittelalterlichen Gebäuden entdecken kann.

DER AUFSTIEG DER STADT begann. Schnell wurde sie zum wirtschaftlichen, politischen und kirchlichen Zentrum in Mitteleuropa – die einmalige Lage machte es möglich. 739 wird das Bistum Regensburg gegründet, 778 taucht der Dom St. Peter erstmals in einer Chronik auf. Kein Wunder, dass der Erfolg der jungen Metropole Begehrlichkeiten weckte: Kein anderer als Karl der Große setzte als Kaiser den letzten Bayernherzog Tassilo III. ab, um sich die Sahneschnitte an der Donau zu sichern. Immerhin beehrte er die Stadt daraufhin mehrmals mit seinem Besuch.

PARKEN, PIPI, PUMPS

Diese drei »P« haben es in Regensburg leider in sich – und das sollte jede Frau wissen, die unsere Stadt besucht!

FANGEN WIR BEIM PARKEN AN: Es gibt zahlreiche Parkhäuser und Parkplätze, teilweise mit *Park & Ride-Shuttle,* und ein intaktes Parkleitsystem, das Sie sogar auf der Homepage der Stadt Regensburg abfragen können. Doch in der Hochsaison (wie zum Beispiel während der *Schlossfestspiele,* in der *Adventszeit* oder bei *Stadtfesten*) wird es schwierig. Unser Tipp: Parken Sie an solchen Tagen außerhalb der Altstadt und nehmen Sie ein Taxi.

DIE SITUATION MIT ÖFFENTLICHEN TOILETTEN (ohnehin ein Albtraum für Frauen!) ist ähnlich kompliziert. Wir empfehlen daher die regelmäßige Einkehr in Cafés und Restaurants; dort passt es dann in der Regel mit Hygiene und Ausstattung.

UNGLEICH SCHWIERIGER ist die Frage des idealen Schuhwerks. Ja, Sie können ein ganzes Wochenende auf *Pumps* durch die Stadt laufen. Regensburgerinnen sind es schließlich auch gewöhnt. Sie sollten allerdings im Dauerbalancieren und Gewichtverlagern geübt sein, um das unregelmäßige alte Pflaster nicht zum Killer der heißgeliebten High Heels werden zu lassen. Am besten, Sie haben zur Not ein paar flache Alternativen in der Handtasche!

DIE STEINERNE BRÜCKE war letztendlich der Schlüssel zum Erfolg. Sie wurde von 1135 bis 1146 errichtet und war jahrhundertelang zwischen Wien und Ulm der einzige (!) Übergang über die Donau. Die Brücke machte Regensburg zum Schmelztiegel von Fernhändlern und Kaufleuten – und die Bewohner der Stadt reich. Das blieb knapp vier Jahrhunderte so. In dieser Zeit entstanden das mittelalterliche Stadtbild, wie wir es heute noch sehen, das Alte Rathaus und der gotische Dom. Sein Neubau begann 1273, wobei die Türme erst 1869 fertiggestellt wurden. Noch ein wichtiges Ereignis fiel in diese Epoche: Der Stauferkaiser Friedrich II. – das war jener, der das geheimnisvolle Castel del Monte bauen ließ, ein noch heute gültiges Standardwerk zur Falknerei geschrieben hat und der Kirche mit seinen modernen Ideen von der Welt stets ein Dorn im Auge war – erhob Regensburg 1245 zur Freien Reichsstadt. Damit gehörte sie nicht mehr zu Bayern und wurde noch wohlhabender, da sie nun auch Zölle erheben konnte.

KNAPP DREI JAHRHUNDERTE später war es allerdings schon vorbei mit der Pracht: Als hätte die Vertreibung der damals größten jüdischen Gemeinde in Deutschland und die Zerstörung des dazugehörigen Stadtviertels im Jahr 1519 den Untergang eingeleitet, war Regensburg bereits wenige Jahrzehnte später verarmt. Neuen Schwung gab es erst vom Jahr 1594 an, als die Reichstage in Regensburg stattfanden. Als *Immerwährender Reichstag* sind sie in die Geschichtsbücher eingegangen, da die europäischen Delegierten tatsächlich bis 1806 hier zusammentrafen. Die vielen Gesandtenhäuser der Stadt erzählen noch heute von der dritten Blütezeit der Stadt – nach den Römern und dem frühen Mittelalter.

NAPOLEON und die Bayernkönige machten dem Spektakel dann ein Ende, indem sie die Stadt Bayern einverleibten – eine Schmach, die immer noch nachwirkt. *Über die Brück' wird nicht geheiratet!* hört man auch heute noch von *echten* Regensburgern. Die zunehmende Bedeutungslosigkeit der Stadt war allerdings auch ihre Rettung: Denn der alte, heruntergekommene Stadtkern wurde im Zweiten Weltkrieg nicht zerstört und konnte in aller Ruhe seinen Dornröschenschlaf halten. Bis in die siebziger Jahre war glücklicherweise kein Geld für sogenannte Modernisierungsmaßnahmen da, so dass heute weder eine mehrspurige Stadtautobahn noch zubetonierte Wohnviertel das original mittelalterliche Weltkulturerbe stören. In die UNESCO-Welterbe-Liste wurde Regensburg 2006 aufgenommen – und seither wird bei innerstädtischer Planung genau abgewogen, was geht und was nicht. Das ist nicht immer ganz einfach und konfliktfrei, doch es lohnt sich.

HEUTE IST REGENSBURG wieder eine urbane und sehr charmante Metropole an der Donau. Dank der renommierten Hochschulen, zahlreicher Global Player und Hightechunternehmen, einer intakten Infrastruktur und vieler kreativer Initiativen gehört sie zu den lebenswertesten Städten in Deutschland. Mit rund 150 000 Einwohnern, davon etwa 25 000 Studenten, ist sie zwar nur eine mittelgroße europäische Universitätsstadt, besitzt jedoch ein herausragendes Merkmal: Sie ist eindeutig die schönste!

Die Romantikerin

Sie liebt Blumenmuster und verzauberte Orte, isst immer bei Kerzenschein – und glaubt ganz fest an die große Liebe.

IST DAS SCHÖN HIER! Wenn eine Romantikerin durch die engen und verwinkelten Gassen der Stadt flaniert, ist sie immer wieder begeistert. Kein Wunder – gilt die alte Donaumetropole mit ihren pittoresk-schiefen und bunt verputzten Häusern, den kleinen Plätzen, gemütlichen Straßencafés, entzückenden Geschäften und mittelalterlichen Stadtvierteln doch als nördlichste Stadt Italiens. Und das bedeutet Idylle pur und ein bisschen Urlaub, ohne auf einen urbanen Alltag zu verzichten. Denn wer genauer hinschaut, entdeckt eine zauberhafte Mischung aus rosarotem Kitsch, liebevoll gepflegten Traditionen und modernem Savoir-vivre. Ein einzigartiges Flair, in das sich eine Romantikerin auf den ersten Blick verliebt ...

EIN STADTBUMMEL IST sicherlich die beste Möglichkeit, Regensburg zu entdecken. Ganz gleich, zu welcher Jahreszeit: Hier ist es einfach immer schön! Im Sommer locken die langen und lauen Nächte, in denen sich das Leben in den Gassen, Innenhöfen und auf den malerischen Plätzen abspielt. Im Herbst verwandelt das warme Licht die Fassaden in ein gelb-orangerotes Farbenmeer, während die Parks mit altem Baumbestand zu traumhaften Spaziergängen durch raschelndes Laub einladen. Der Winter wiederum ist hier kalt und weiß. Wem das nichts ausmacht, der genießt gerade dann die Stille abseits der Einkaufsgassen oder den duftenden Trubel der Weihnachtsmärkte. Und im Frühjahr? Na klar, man verliebt sich! In das zarte Grün nach dem Frost, den ersten Cappuccino im Straßencafé, helle Farben, Licht, duftende Blumensträuße – und die Menschen, die genau das miteinander genießen.

UNERWARTETE BEGEGNUNGEN. Wenn die Gassen immer enger werden und die Namen merkwürdiger, dann sind Sie richtig! Folgen Sie einfach Ihrer Intuition, denn hinter jeder Hausecke wartet ein neuer zauberhafter Blick, hinter vielen Toren entzückende Innenhöfe. Übrigens auch auf der anderen Donauseite, denn Stadtamhof gehört unbedingt dazu! Dazwischen gibt es sie noch, die kleinen, sehr speziellen Läden mit Dingen, die glücklich machen: Pralinen, Couture-Mode, Hüte, historisches Spielzeug, Blumen, Möbel, Bücher und vieles mehr. Dahinter stehen Menschen, die ihren Beruf und diese Stadt lieben. Unser Tipp: Nehmen Sie sich Zeit und lassen Sie sich durch die Stadt treiben. Nur so können Sie in aller Ruhe entdecken und stöbern – Herzklopfen, verliebte Blicke und zauberhafte Begegnungen inklusive!

Einkaufen & Flanieren

Pompadour von innen

POMPADOUR

Vergessenes in neuem Glanz wartet im *Pompadour* auf Liebhaberinnen und solche, die es werden wollen. Es ist eine duftende Welt, in der die Zeit stehengeblieben ist: voller Nostalgie und Poesie, mit verspielten Dekorationen, originellen Möbeln mit Patina, altem

Geschirr, Omas Tischwäsche und Accessoires für Prinzessinnen. Mittendrin lockt ein schnuckeliges Café mit süßen Leckereien zum Verweilen und Träumen.

Rote-Hahnen-Gasse 1a
Mo. – Sa. 10.30 – 18.30 Uhr | pomp-adour.de

PERLENRAUSCH

Wie der Name es schon verrät: Hier dreht sich alles um Perlen! Frauen lieben dieses ganz besondere Geschäft. Denn hier findet jede etwas: von witzigem Modeschmuck über echte Süßwasserperlen, Edelsteine und Silber bis hin zu handgearbeiteten Unikaten. Ein Paradies für passionierte Perlentaucherinnen!

Rote-Hahnen-Gasse 6
Di.-Fr. 11.00 – 18.00 Uhr | Sa. 11.00 – 16.00 Uhr
perlenrausch.eu

LILO'S HÜTE, MÜTZEN UND ACCESSOIRES

Hüte sind ein selbstbewusstes Statement, und pfiffige Accessoires machen daraus den perfekten Auftritt! Bei Hutmacherin Lilo Kincaid ist alles handgefertigt und auf Wunsch maßgeschneidert. Die ausgebildete Modistin mit den extravaganten Ideen hat für Romantikerinnen eine verblüffende Auswahl – bodenständig, aber eben immer ein bisschen schräg. Unbedingt aufsetzen!

Stadtamhof 9 | Di. – Sa. 12.00 – 18.00 Uhr
und nach Vereinbarung | lilokincaid.de

CARAKESS

Selbstgemacht ist oft am schönsten! Das weiß man hier – und bietet dafür nicht nur die Ideen, sondern auch das Material. Unter Anleitung oder allein entstehen so die schönsten Accessoires wie gestrickte Perlenbeutel, Vintage-Schmuck, Design von anno dazumal, Stickbilder, Borten und allerlei Tand, den die Romantikerin liebt. Unbedingt hingehen, ein bisschen Stöbern und vielleicht gleich zum nächsten Kurs anmelden. Achtung, wechselnde Öffnungszeiten, Dame vorher anrufen.

Unter den Schwibbögen 7
Tel. (0941) 46 522 920 | carakess.de

19

ROSENZEIT

Rosenliebhaberinnen aufgepasst: Das ist euer Geschenkeparadies! Von Rosenaufstrichen und Sirup über Bäder, Kerzen und Körperpflege bis hin zu Nachtwäsche und Bademänteln – hier trägt einfach alles den markanten Duft oder zauberhafte Motive. Das meiste ist Bio-Qualität, von regionalen Herstellern und Handarbeit. Romantischer geht's kaum, finden wir!

Engelburgergasse 23
Mo. – Sa. 10.00 – 18.00 Uhr

COCO UNTER DEN SCHWIBBÖGEN

Kleine, aber feine Boutique mit femininer, italienischer Mode direkt gegenüber der Porta Praetoria. Alles dreht sich hier um Kleider, Spitze und Pelz, das Ganze gerne auch farbig und verspielt. Es ist ein bisschen wie früher – dank der persönlichen Beratung und den manchmal erstaunlichen Schnäppchenpreisen.

Unter den Schwibbögen 9
Mo. – Fr. 9.00 – 17.00 Uhr
Sa. 10.00 – 13.00 Uhr | coco-instyle.de

STERNTALER

Der Laden ist ein *Muss* für alle Jägerinnen und Sammlerinnen. Denn hier gibt's auf engstem Raum einfach alles – vom Nachthemd über Fußmatten, Deko-Artikel und ungewöhnliche Geschenke bis hin zu Tischwäsche für heimliche Prinzessinnen, aufwändige

Post- und Grußkarten und Mode des erfolgreichen Regensburger Labels *Louis & Louisa.*

Untere Bachgasse 7
Mo. – Sa. 11.00 – 18.00 Uhr

BLUMENBÜHNE

Am besten flaniert man entlang der Donau in den Regensburger Osten, wo ein ungewöhnlicher Konzept-Store Blumen und Pflanzen in Szene setzt. Der Laden ist wie aus der Zeit gefallen und bietet märchenhafte Blumenarrangements zu sagenhaft guten Preisen! Unser Tipp: Zeit mitbringen, denn hier lohnt es sich zu stöbern und zu entdecken. Keine Kartenzahlung möglich.

Bruderwöhrdstraße 10
Mo., Mi. – Fr. 10.00 – 13.00 Uhr und
14.00 – 18.00 Uhr | Sa. 9.00 – 12.00 Uhr
dieblumenbuehne.de

Rosengesteck von Blumenbühne

AUCH EINEN BESUCH WERT

Die witzige selbstgemachte Mode bei *Schwesternliebe* in der Kramgasse 1 – vor allem für jüngere Frauen der Hit; das *Kaufhäuschen* mit zauberhaftem Modeschmuck, Servietten in feinster Qualität, Mode und peppiger Baby- und Kinderkleidung aus der mampa-Kollektion in der Königsstraße 1; die seit 50 Jahren bestehende *Boutique Via* mit glitzernder Abendmode für jedes Alter und jeden Geldbeutel in der Tändlergasse 1; der schräge *Retro-Laden* in der Wahlenstraße 14; die *Regensburger Tändlerei* mit Kunsthandwerk, irre viel Weihnachtsschmuck, Antikem und Kuriosem in der Tändlergasse 5 und natürlich die *Goldschmiedin Heike Crusius* mit ihren ungewöhnlich kreativen Schmuckkreationen in der Pfarrergasse 8.

Essen & Trinken

Romantisches Dinner bei Kerzenschein

MIRABELLE

Richtig gute französische Küche und ein Hausherr, der noch selbst kocht – im *Mirabelle* stimmt die Mischung einfach. Und nicht nur das, denn auch die Preise sind ausgesprochen fair. Dafür gibt es feine französische Vorspeisen, ungewöhnliche Salate, typische

Hauptgerichte wie gefüllte Maispoulardenbrust oder Bœuf Bourguignon – und danach traumhafte Desserts. Im Sommer sind die schönsten Plätze im Innenhof; reservieren empfiehlt sich hier immer.

Drei-Mohren-Straße 11
Mo. – Sa. 18.00 – 1.00 Uhr | So. 11.00 – 14.00 Uhr
mirabelle-regensburg.de

ROSARIUM

Direkt am Dörnbergpark, einem englischen Landschaftsgarten aus dem 19. Jahrhundert, liegt das Bistro *Rosarium* mit seinem romantischen Rosengarten. In der warmen Jahreszeit ist das idyllische Ambiente der ideale Ort für ein Frühstück im Grünen oder einen zauberhaften Abend mit französischer Küche, Kerzenschein und Blütenduft. Perfekt für Freundinnen oder das erste Date!

Hoppestraße 3a | Mo. – Sa. 10.00 – 1.00 Uhr
So. 10.00 – 24.00 Uhr
bistro-rosarium.de

CAFÉ PRINZESS

Das älteste Kaffeehaus in Deutschland und Hoflieferant der Thurn & Taxis! Wo einst die Gesandten des Immerwährenden Reichstags ihren Kaffee schlürften, warten heute ein Café und handgemachte Pralinen aus der hauseigenen Manufaktur auf süße Gaumen. Ein Highlight für Schoko-Liebhaber: der *Grand Cru*. Oder vielleicht doch lieber *Kussmund*, *Liebeszauber* oder die *Kesse Gloria*?

Rathausplatz 2 | Mo. – Sa. 9.00 – 18.30 Uhr
Sonn- und Feiertage 10.00 – 18.30 Uhr
cafe-prinzess.de

CANDLE LIGHT DINNER AUF DER KRISTALLKÖNIGIN

Das luxuriöse Schiff ist tatsächlich mit Kristallelementen von Swarovski ausgestattet und eine spektakuläre Art, die Stadt vom Fluss aus zu entdecken: zum Beispiel bei einem romantischen Candle Light Dinner oder Wochenendfahrten für Verliebte.

Programm & Informationen:
donauschiffahrt.de

SILBERNE GANS

Klein, aber fein – besser lässt sich dieses Spitzenrestaurant in dem 300 Jahre alten, sanierten Altbau nicht beschreiben. Wer ein intimes Dinner ungestört mit seinem Liebsten sucht, findet hier ein stilles Plätzchen. Der diskrete Service, die guten Weine und natürlich die hochwertige Küche mit Klassikern und verblüffenden Cross-Over-Kompositionen machen daraus einen rundum gelungenen Abend. Besonders schön: die Lage direkt an der Donau und der Blick von der großen Terrasse auf die Stadt.

Werftstraße 3
silberne-gans.de

KAFFEE SCHOKOLADL

Dieser Ort ist für jede Romantikerin ein zauberhafter Hotspot: winzig klein, dafür reich an leckeren Tortenkreationen und Pralinen und mit einem entzückenden Service! Wenn Sie französische Liebesfilme mögen, auf Schokolade als Seelentröster schwören, gerade glücklich oder unglücklich verliebt sind – hier können Sie sich Ihren Gefühlen hingeben. Die zauberhafte Amelie würde so auch träumen und genießen, wenn sie real wäre. Aber das können Sie ja tun.

Haidplatz 5
Mo. – Sa. 9.30 – 18.30 Uhr | So. 12.00 – 18.30 Uhr

Die schattige Terrasse der Silbernen Gans

Kultur & Design

STADTMAUS-FÜHRUNGEN

Die Stadt einmal von einer anderen Seite und abseits der üblichen Touristenpfade kennenlernen – mit den Genuss- und Erlebnisführungen der Stadtmaus kein Problem! Wie wäre es mit einer romantischen Mondscheinführung? Oder möchten Sie ins 17. Jahrhundert entführt werden und *Kaffee, Kapaun und Keyserkuchen* genießen? Ob Römerzeit, Mittelalter oder Gegenwart – hier gibt es tatsächlich Ideen für jeden Typ!

Thundorferstraße 1
Mo. – Fr. 9.00 – 17.00 Uhr
Sa. 10.00 – 13.00 Uhr | stadtmaus.de

Die Gesandtenstraße

SCHLOSS ST. EMMERAM

Na klar, wenn schon das größte in Europa bewohnte Schloss nach dem Buckingham Palast in Regensburg steht, sollte man es auch anschauen! Zumal es einem durchaus passieren kann, der Fürstin höchstpersönlich über den Weg zu laufen. Mindestens ebenso interessant sind die vielen Prunkräume, die Bibliothek und das alte Klosterareal samt Klosterkirche.

Emmeramsplatz 5
Öffnungszeiten, Führungen & Informationen:
thurnundtaxis.de

ROMANTISCHER WEIHNACHTSMARKT

Er zählt weltweit zu den schönsten seiner Art: *der Romantische Weihnachtsmarkt auf Schloss St. Emmeram.* Traditionelles Kunsthandwerk, Kerzenlicht, Laternen und Fackeln, dazu buntes Markttreiben, der Duft von frischem Brot, heißen Maroni und Glühwein – das ist Weihnachtsromantik pur! Das alles funktioniert ohne laute Musik, modernen Kitsch oder die üblichen Aussteller. Kein Wunder, dass sich hier auch die Regensburger gerne treffen!

Emmeramsplatz 5
Öffnungszeiten, Führungen & Informationen:
romantischer-weihnachtsmarkt-thurnundtaxis.de

Regensburg ist meine
Wohlfühlstadt, in der ich so gerne
lebe, arbeite, entdecke, es mir immer
wieder warm ums Herz wird, wenn
ich durch diese bezaubernden
kleinen Gässchen und über die
wunderschönen Plätze schlendere.
Keine andere Stadt hat
für mich diese Lebensqualität.

DANIELA DOMBROWSKY
LEBT SEIT 31 JAHREN
IN REGENSBURG

Freizeit & Beauty

SPAZIERGÄNGE sind Balsam für Körper und Seele! Vor allem dann, wenn sie an Orte führen, die so schön sind, dass man die Welt um sich herum einfach einmal vergisst! Und das passiert in dieser Stadt schneller, als Sie denken. Versuchen Sie es doch ...

HERZOGSPARK

Der *Herzogspark* ist eine verträumte Grünanlage am Westrand der Altstadt. Touristen verirren sich selten hierher, weshalb es hier noch stille Plätzchen und Bänke gibt. Der Park liegt zwischen Resten der alten Stadtmauer und Bastei, dem Württembergischen Palais und der Donau ziemlich versteckt und bietet nicht nur einen entzückenden kleinen Renaissance-Garten, sondern auch botanische Lehrpfade, Themenpflanzungen und einen Seerosenteich. Unser Highlight: der liebevoll angelegte Rosengarten mit Sorten, die sogar im Winter noch duften!

Prebrunnallee

OBERER WÖHRD

Der *Obere Wöhrd* gehört neben dem Unteren Wöhrd und Stadtamhof zu den drei Donauinseln unmittelbar gegenüber der Altstadt. Einer der schönsten Stadtspaziergänge führt hier durch eine uprüngliche Fluss- und Auenlandschaft – vorbei an mancherorts geradezu dörflich anmutenden Biedermeierhäusern mit zauberhaften Vorgärten. Zugegeben, man verliert hier schnell die Orientierung (Stadtplan mitnehmen!), doch wer zwischen den eindrucksvollen Bäumen am Oberen Wöhrd angekommen ist, wird die Magie des besonderen Ortes nie mehr vergessen.

Nachtleben

Nachts wird Regensburg romantisch

BLAUE NACHT IM STADTPARK

Einmal im Jahr trifft Regensburg sich stets bei heißen Temperaturen im Stadtpark, um dort Musik, Kunst und eine zauberhafte Sommernacht zu erleben. Veranstalter dieses einmaligen Events sind die REWAG und das Kunstforum Ostdeutsche Galerie, das an jenem Abend seine Tore weit öffnet. Das Programm ändert sich Jahr für Jahr und reicht von Mitmach-Aktionen für Kinder bis hin zu Führungen, Musik und kulinarischen Beiträgen zum nächtlichen Picknick im Park.

Informationen: rewag.de

LANGE NACHT DER POESIE

Lyrik unter freiem Himmel in einer der schönsten Parkanlagen Regensburgs – die *Lange Nacht der Poesie* findet jedes Jahr im Sommer statt und lockt nicht nur Dichter und Denker in den Herzogspark. Ein romantischer Abend in einer außergewöhnlichen Atmosphäre!

Termine & Informationen:
vs-ostbayern.de

CAFÉ FELIX

Tagsüber sitzen hier Studenten, Familien, Business-Luncher und Touristen nebeneinander und genießen vor allem die Bistrokarte und die große Kuchenauswahl. Am Abend wandelt sich die Szene: Aus dem im Stil der dreißiger und vierziger Jahre gestalteten Lokal wird eine Bar für all jene, die sich neben Cocktailschlürfen auch noch unterhalten wollen. Das geht hier sogar in idyllischen Ecken mit dem Liebsten.

Fröhliche-Türken-Straße 6
Mo. – Sa. ab 9.00 Uhr
Sonn- und Feiertage ab 10.00 Uhr
cafefelix.de

Cocktail im Café Felix

Hotels

HOTEL ORPHÉE

Mitten in der Altstadt gelegen und ein Hotspot für Intellektuelle und Bohémiens ist das *Hotel Orphée* mit dem gleichnamigen Restaurant. Das ungewöhnliche Haus mit der original Jahrhundertwende-Einrichtung befindet sich gleich an drei Orten in der Stadt: das Haupthaus mit Restaurant in der Unteren Bachgasse 8, das Kleine Haus wenige Schritte entfernt in der Wahlenstraße 1 und der *Andreasstadel* in Stadtamhof auf der anderen Donauseite. Der Clou: Jedes Zimmer ist hier anders eingerichtet. Die Romantikerin sollte sich unbedingt für den *Salon Jerusalem* entscheiden und von alten Zeiten träumen ...

hotel-orphee.de

HOTEL BOHEMIAN

Kleines und charmantes Hotel mitten in der Altstadt mit 15 Doppelzimmern und zwei eleganten Suiten. Die Zimmer in dem mittelalterlichen Gebäude sind eine liebevolle Mischung aus restauriert und neu – und auf modernstem Standard. Besonders schön: der stets stilvoll eingedeckte und helle Frühstücksraum mit Blick in die Gesandtenstraße.

Gesandtenstraße 12
bohemian-hotel.de

ELEMENTS HOTEL

Vier extravagante Suiten auf vier Etagen stehen für die vier Elemente – ein Traum direkt hinterm Dom! Speziell auf die Romantikerin warten die Luft- und Zauberwald-Suite im zweiten Stock: mit wolkenweißem Himmelbett und luftig-leichter Einrichtung. Zum Abheben schön und mit Extraservice buchbar: Denn nach einem langen Stadtbummel gibt es hier auf Wunsch eine wunderbar entspannende *Lomi Lomi Nui Massage!*

Alter Kornmarkt 3
hotel-elements.de

Salon Jerusalem im Hotel Orphée

Tipps A – Z

Lieblingsorte

Ein idyllischer Platz – und lesen

BUCHHANDLUNG DOMBROWSKY

Es ist ein besonderer Ort. Überall Bücher, aber anders geordnet, als im Handel sonst üblich. Dazwischen Sitzgelegenheiten, um zu lesen, stöbern oder über Literatur zu reden. Mit Ulrich Dombrowsky zum Beispiel, der ein besonders Gespür für Qualität besitzt. Es ist die Leidenschaft für gute Bücher, die nicht nur Kunden immer wieder herführt. Denn auch weltbekannte Autorinnen und Autoren, Musiker, Politiker und Philosophen sind hier gerne Gast. Ein vielfach preisgekröntes Konzept, das Spaß macht!

St.-Kassians-Platz 6
Mo.– Fr. 9.30 – 18.30 Uhr
Sa. 9.30 – 18.00 Uhr | dombrolit.de

COMING HOME

Erinnerungen an längst vergangene Zeiten werden wach, wenn man das wunderbare Geschäft von Ludwig Messerle und Jo Sander betritt. Messerle ist eigentlich gelernter Konditor und Sander hatte schon immer ein Händchen für Holz. Gemeinsam leben sie nun für Shabby-Chic, Vintage-Style, restaurierte Möbel, Stoffe, Accessoires und ein zuckersüßes Café mit einem Mobiliar, das man auf Wunsch gleich mitkaufen kann. Wir finden: ein Traum! Mehr braucht es nicht zum romantischen Glücksgefühl.

An der Schierstadt 2
Mo.– Fr. 10.00 – 18.00 Uhr
Sa. 10.00 – 16.00 Uhr | mein-coming-home.de

*Feen, Elfen
und die süßeste
700 Jahre
alte Hauskatze
der Welt.*

*Zu finden in den zwei
apartesten Hotels der Altstadt.*

*Auf die Frage, ob unsere
beiden Hotels in der
altehrwürdigen Tändlergasse
jemals von bösen Mächten
heimgesucht wurden,
antworten wir stets:
„Niemals! Warum auch?"
Denn unsere Vorfahren
haben in die Häuser allerlei
Schutzzauber eingemauert.*

*So finden sich ausschließlich
Feen und Elfen in unseren
Mauern, gleiten durch
designvolle Hallen,
geleiten Sie zu liebevoll
restaurierten Zimmern und
lassen die Gemäuer ihre
Geschichte erzählen,
Geschichten aus vielen
hundert Jahren.*

*Auch die Geschichte der
700 Jahre alten Hauskatze.*

Die Genießerin

Sie besitzt ein untrügliches Gespür für Qualität, legt Wert auf herausragende Küche – und liebt ungewöhnliche Spaziergänge mit Ambiente.

SEHEN, HÖREN, RIECHEN, SCHMECKEN, FÜHLEN! Eine echte Genießerin erobert die Welt mit allen Sinnen. Regensburg ist deshalb wie für sie gemacht: Die mittelalterlichen Häuser und Plätze sind einfach wunderschön anzuschauen, an jeder Ecke locken Gaumenfreuden in außergewöhnlichen Cafés und Restaurants, Musik wird in allen Facetten gefeiert und kultiviert – und durch die alten Gassen weht der Duft einer erstaunlich modernen Stadt. Auf engstem Raum treffen hier Sterneköche auf Slow-Food-Aktivisten, berühmte Kirchenmusiker auf echte Jazz-Größen, Parfümeure auf Weinkenner und Pralineure, ehrwürdige Architekten auf mutige Stadtplaner. Ein kleines Paradies also, das Genuss pur verspricht ...

EINEN PLAN sollten Sie sich als Genießerin schon machen, wollen Sie allein die kulinarischen Höhepunkte der Stadt mitnehmen. Schließlich kann man nicht den ganzen Tag essen! Die Auswahl ist groß und reicht von üppigen Frühstücksangeboten über Business Lunch für Eilige bis hin zu opulenter Haute Cuisine am Abend. Da die Regensburger ihre Gourmettempel selbst schätzen, geht ohne Reservierung praktisch gar nichts. Das nimmt ein wenig Spontanität, zugegeben, doch dafür ist alles bequem zu Fuß zu erreichen. Einer begleitenden Weinverköstigung steht also nichts im Wege. Nun ja, fast nichts: Gerade zu später Stunde soll mitunter das Kopfsteinpflaster in den Gassen zur großen Herausforderung werden. Es sei denn, Sie ziehen die High Heels einfach aus und genießen im Sommer die warmen Steine unter den bloßen Füßen ...

URBANITÄT. Das trifft es wohl am besten, wenn man versucht zu beschreiben, was die Stadt eigentlich ausmacht. Am deutlichsten spüren Sie es, wenn Sie in einem der zahlreichen Straßencafés sitzen und dem Treiben in den Gassen entspannt zuschauen. Sie werden schnell feststellen: Es sind vor allem Regensburger, die ihre Stadt an schönen Tagen genießen! Sie wohnen, arbeiten, leben und verbringen einen Großteil ihrer Freizeit inmitten des Weltkulturerbes – ist das nicht großartig? Sie lieben ihre Stadt, nutzen das immens breit aufgestellte Kulturangebot, engagieren sich und sorgen so für manches Stadtgespräch. Unser Tipp: genau hinhören, mitreden und mitmachen!

Einkaufen & Flanieren

Köstlich – Regensburg is(s)t international

SCHLEMMER-DUO

Gleich am Anfang der Ludwigstraße befindet sich dieser Hotspot der Regensburger Gourmets. Denn bei Silvio Hellmich gibt es wirklich alles, was Spitzenküche braucht: edelste Schinken und Salamis, Trüffel, feinste Pasteten und Käse, Saucen, Öle, Weine und vieles mehr – kurz: Spezialitäten aus aller Welt. Das Angebot wechselt täglich und ist qualitativ kaum zu toppen. Dafür muss man etwas tiefer ins Portemonnaie greifen, was sich jedoch lohnt. Und wem schon beim Einkauf das Wasser im Munde zusammenläuft, der kann alles auch gleich vor Ort probieren – zumal das Geschäft an sich schon sehenswert ist.

Ludwigstraße 6 | Mo. – Fr. 10.00 – 14.00 Uhr und 15.00 – 19.00 Uhr | Sa. 10.00 – 16.00 Uhr | schlemmerduo.de

ZIEGLER FEINE KOST

Gegenüber wartet Familie *Ziegler* mit einem alteingesessenen Genussprojekt: Sie bietet Weine, Öle, Essige, Feinkost und edle Brände in erstaunlicher Auswahl und punktet vor allem mit ihrem verblüffend großen Whisky-Sortiment. Probieren darf man hier praktisch alles, was den Einkauf zu einem Erlebnis macht. Bekannt ist das kleine Geschäft nicht umsonst für seine legendären Whisky-Verköstigungen und -Menüs! Unbedingt mal hineinschnuppern!

Ludwigstraße 5 | Mo. – Fr. 10.00 – 19.00 Uhr
Sa. 10.00 – 18.00 Uhr, 10.00 – 16.00 (Jan. – Apr.)
ziegler-feine-kost.de

LORENZO

Kann Klamotten an- und ausziehen wirklich ein Genuss sein? Allerdings! Bei *Lorenzo* zum Beispiel, wo es immer neue, farbenfrohe Kofferkleider, luftige Tuniken und edle Handtaschen dazu gibt. Der Laden ist winzig klein, die Auswahl umso größer. Außerdem macht es Sinn, die Kleider mutig anzuprobieren. Manches scheinbar schlichte Hängerchen entpuppt sich nämlich als topmodischer Eye-Catcher mit Wow-Effekt. Und solche Auftritte sind doch Genuss pur, finden wir.

Rote-Hahnen-Gasse 3
Mo. – Sa. 11.00 – 19.00 Uhr

Genussvoll in Regensburg einkaufen

THE CAPE GRAPE

Beste südafrikanische Premiumweine lagern mitten in der Regensburger Altstadt in einem gotischen Gewölbe und warten auf ihre Entdeckung! Barbara Winkler bietet in ihrem pittoresken kleinen Laden im Löbelturm nur hochwertige Weine von familienbetriebenen Weingütern, die sie alle persönlich kennt. Entsprechend ausgefallen und einzigartig ist ihre Auswahl. Diesen Genuss auf keinen Fall entgehen lassen!

Hinter der Grieb 2 | Di. – Do. 14.00 – 17.30 Uhr
Fr. – Sa. 10.00 – 17.30 Uhr
capegrape.de

FEINKOST REHORIK

Ein Familienbetrieb in der dritten Generation mit Stammsitz in einem der ältesten Gebäudekomplexe der Stadt – keine Frage, das Geschäft ist eine Institution. Viele Regensburger kaufen hier ihren Wein (beste Auswahl und Beratung) und beziehen vor allem ihren Kaffee von Barista Heiko Rehorik, der in der hauseigenen Kaffeerösterei immer neue Geschmacksvarianten kreiert. Ein echter Geheimtipp ist der kleine Käseladen mit einer großen Auswahl italienischer, deutscher, schweizer und französischer Sorten. Alles darf probiert werden und die Damen hinter der Theke kennen sich richtig gut aus.

Am Brixener Hof 6 | Mo. – Mi. 09.30 – 18.00 Uhr
Do – Fr. 09.30 – 18.30 Uhr | Sa. 09.00 – 15.00 Uhr
rehorik.de

FENNOBED

Ein paar Schritte laufen muss man schon, ehe man diesen Genusstempel im IT-Speicher erreicht. Dafür wartet hier im Osten der Stadt Entspannung pur! Denn bei *Fennobed* gibt es die Königsklasse des gesunden Tiefschlafs: Boxspringbetten. Edles Design, harmonische Farbkonzepte, feinste Stoffe und die empathische Beratung durch die Besitzer Petra Raschke und Gustav Hoffmann machen den Besuch zu einem Erlebnis für alle Sinne. Das entspannt, ohne zu ermüden. Unser Tipp: Lassen Sie sich die eigene Bettwäsche-Kollektion des Hauses vorführen – ein haptischer und optischer Traum!

Bruderwöhrdstraße 15b
Di. – Sa. 10.00 – 18.00 Uhr und nach Vereinbarung
fennobed-regensburg.de

WÄSCHE KLUG

Genuss beginnt auf der eigenen Haut – mit hochwertigen Dessous, die den Körper liebevoll umschmeicheln, in Szene setzen und dabei wohltuend formen. Das gilt natürlich auch für Bademode und Nachtwäsche, die nur mit perfektem Sitz Freude machen. Deshalb geht die Genießerin für den Wäschekauf in den Fachhandel – und in Regensburg genau hier hin.

Brückstraße 7
Mo. – Fr. 9.00 – 18.00 Uhr | Sa. 9.00 – 15.00 Uhr
waesche-klug.de

MARKTHALLE

Nicht ganz in der Altstadt, aber zu Fuß bequem zu erreichen, befindet sich eine noch recht neue Adresse für Frisches und Feines aus der Region. Einkaufen, was der Gaumen begehrt, auf Wunsch verweilen und direkt genießen – in der *Markthalle* geht es zu wie auf südländischen Märkten. Der Clou sind die Kochkurse, auf Wunsch auch als Privatveranstaltungen buchbar.

D.-Martin-Luther-Straße 2
Mo. – Sa. 10.00 – 19.30 Uhr (teilweise abweichend)
markthalle-regensburg.de

AUCH EINEN BESUCH WERT

Feinkost Sarik, ein armenischer Familienbetrieb mit einer sehr großen Auswahl an frischem Obst und Gemüse und Antipasti am St.-Kassians-Platz 4; *Blume N°9* mit wunderschönen, naturnahen Ideen in der Wahlenstraße 9 und die *Konditorei Opera* in der Prüfeninger Straße 44a mit legendären französischen Torten, Petits Fours und den besten Croissants der Stadt!

Essen & Trinken

Gastronomie in Regensburg – ein Hochgenuss

TIZIANO

Ein echter Geheimtipp für authentische italienische Küche ohne viel Chichi! Die wechselnde Tageskarte und ein perfektes Mittagsmenü sorgen dafür, dass im *Tiziano* immer voll ist. Vor allem Regensburger trifft man hier: in der Mittagspause, vor oder nach dem

Theater oder an langen Abenden an der Bar, die im *Tiziano* gerne bis zur Sperrstunde dauern. Ein Innenhof bietet im Sommer auch draußen Plätze; reservieren ist immer besser. Unser Tipp: Unbedingt die Calamari probieren und ein Dessert mit einplanen!

Drei-Mohren-Straße 5
Mo.–Sa. 11.30–14.30 Uhr und
18.00–23.00 Uhr | So. 17.30–23.00 Uhr
tiziano-regensburg.de

SCHLOSS HÖFLING

In einem echten Schloss mit traumhaftem Park fürstlich speisen – bei Graf und Gräfin von Walderdorff ist das möglich. Sie bieten in ihrem Schloss vor den Toren Regensburgs regelmäßig Konzerte und/oder kulinarische Events an, die allein schon durch das zauberhafte Barock-Ambiente einen ganz besonderen Charme haben. Die Küche orientiert sich an den Jahreszeiten, wobei die Jagdsaison mit ihren klassischen Wildspezialitäten hier besonders kultiviert wird. Alle Veranstaltungen sind mit Voranmeldung und stehen auf der Webseite.

Höfling 1
hoefling-regensburg.de

190°

Manchmal muss es einfach sein: ein perfekter Kaffee zwischendurch. Kein *to-go* und keine Massenware, sondern eine Geschmacksexplosion im Mund, die ihresgleichen sucht. Eine, die genau den momentanen Wunsch nach kräftig, mild, schokoladig oder eher weich und mit viel geschäumter Milch erfüllt. Nicht leicht zu finden? Doch! Im *190°*, einem kleinen Gewölbecafé mit Freisitz, serviert Röstmeister Heiko Rehorik für jeden Bedarf den passenden Kaffee. Allein das Zuschauen macht Spaß, vom Genuss ganz zu schweigen.

Am Brixener Hof 6 | Mo.–Mi. 08.30–18.00 Uhr
Do.–Sa. 08.30–19.00 Uhr | rehorik.de

STORSTAD

Es ist das einzige Restaurant in der Stadt, das seit Jahren einen Michelin-Stern hat – und ist schon deshalb ein *Muss* für die Genießerin. Praktischerweise bietet der Gourmettempel hoch über den Dächern der Stadt (und mit einem spektakulären Blick auf den Dom!) mittags ein erstaunlich günstiges Business-Menü an, das die Sterneküche für jeden erschwinglich macht. Wer aber genauer wissen möchte, warum Anton Schmaus als bester Koch Regensburgs gilt, der gönnt sich einen langen Abend im *Storstad* und genießt auch die phantastischen Weine zum Menü. Ein weiteres Highlight ist das Ambiente: Es ist so cool und stylisch, dass man sich kurzfristig in New York oder einer anderen *it-Metropole* wähnt.

Watmarkt 5 | Di. – Sa. 12.00 – 14.00 Uhr
und 18.00 – 21.30 Uhr | Bar 18.00 – 01.00 Uhr
Loungeterrasse 12.00 – 22.00 Uhr
storstad.de

DA PIETRO E FABIO

Spätestens hier versteht die Genießerin, warum Regensburg als nördlichste Stadt Italiens gilt! Denn bei *Pietro e Fabio* ist nicht nur alles hausgemacht und frisch, sondern es wird auch noch herzlich und lustvoll präsentiert. Es sind vor allem apulische Rezepte, die hier auf den Teller kommen und die Gäste – im Sommer auch im entzückenden Innenhof – verwöhnen. Legendär sind hier die Trüffelgerichte und alles, was sich um Fisch und Meeresfrüchte dreht. Und dass die Pasta hier tatsächlich selbstgemacht ist, sieht der Gast: Der Pasta-Tisch steht gleich neben der Bar. Wir empfehlen: Auf jeden Fall einen der schweren apulischen Rotweine probieren (und sich danach besser nach Hause begleiten lassen)!

Grasgasse 1 | Mo. – Do. 11.30 – 14.00 Uhr
und 18.00 – 24.00 Uhr | Fr. – Sa. 18.00 – 24.00 Uhr
da-pietro-e-fabio-regensburg.2on.de

OSTERIA FEDERICO II

Lust auf gehobene Küche aus dem Piemont mit viel Fisch, hausgemachter Pasta und weißen und schwarzen Trüffeln? Dazu italienische Lebensart, wie man sie sonst nur aus dem Urlaub kennt? In der *Osteria Federico II* gehört das ebenso dazu wie die offene Küche, die Enge und Lautstärke – und natürlich die Stammkundschaft. Denn die reicht sich hier die Türklinke in die Hand, seit vielen Jahren wohlgemerkt. Und zu Recht, denn das Niveau der stets frischen Küche ist hoch und der Service besonders nett.

Deischgasse 1 | Mo. – So. 12.00 – 14.00 Uhr
und 17.30 – 22.30 Uhr | osteria-federico2.de

Bewusst & Gesund

Wer sich selbst als Genießerin beschreiben würde, weiß ohnehin, wo es das Beste und Feinste gibt – in jeder Hinsicht. In Regensburg ist es für viele Gourmets selbstverständlich, im Zweifelsfall nach regionalen und saisonalen Produkten zu greifen, die es praktisch jeden Tag auf einem der vielen *Wochen- und Bauernmärkte* gibt. Auf der offiziellen Webseite der Stadt finden Sie eine Liste sämtlicher Märkte mit Öffnungszeiten.

regensburg.de/leben/umwelt/klasse-klima/
abfall-vermeiden/regional-einkaufen

Genießen ist für mich Dasein.
Dann verschmilzt das Schmecken mit
dem Hören, dem Sehen, dem
Fühlen und für einen langen Augen-
blick wird man eins mit der
Umgebung. In Regensburg weiß ich
genau, wo ihn hingehen muss,
um so einen magischen Moment zu
erleben. Und es ist nicht nur ein Ort.

ANGELIKA SAUERER
JOURNALISTIN UND LEBT SEIT
FAST 25 JAHREN IN REGENSBURG

Kultur & Design

Feuerwerk-Spektakel bei den Schlossfestspielen

SCHLOSSFESTSPIELE

Oper, Popmusik oder Konzerte, dazu
ein Mehrgangmenü bei Kerzenschein,
in der Pause ein Glas Champagner an
der Bar und im Anschluss eine lange,
laue Nacht im fürstlichen Schlosspark
der Thurn und Taxis – so etwas gibt es
nur in Regensburg. Genau genommen

jedes Jahr im Juli, wenn die Schlossfestspiele stattfinden, die Gäste und
Prominente aus aller Welt anlocken.
Wir empfehlen: Lassen Sie es genussvoll krachen und buchen Sie gleich
das Komplettpaket mit kulinarischen
Überraschungen im liebevoll deko-
rierten Festspiel-Restaurant.

Emmeramsplatz 5
Termine & Karten:
schlossfestspiele-regensburg.de

Das Stadttheater am Bismarckplatz

STADTTHEATER REGENSBURG

Wenn Sie Opern- oder Ballettfan sind, lohnt sich ein Abend im Stadttheater. Denn zum Ensemble gehört eine sehr ambitionierte Tanz-Kompagnie, die sich auch an moderne und ungewöhnliche Choreografien herantraut. Unbestritten gut sind die Sänger-Solisten und insbesondere der Chor des Theaters, weswegen Opern- und sogar Operetten-Inszenierungen in Regensburg für begeisterte Kritiken weit über die Stadt- und Landesgrenzen hinaus sorgen. Zu Recht, finden wir, und empfehlen einen Blick ins aktuelle Programm!

Bismarckplatz 7
Informationen:
stadttheater-regensburg.de

ÉTAGÈRE

Lustvoll in eine Kultur eintauchen, das klappt besonders gut mit französischer Lebensart! Ganz bewusst nennen wir dieses Geschäft an dieser Stelle, als Beitrag zu Kultur und Design – steht es doch für all das, was wir an Frankreich so lieben: schwere Kasserollen, zauberhaftes Geschirr, Stoffe, Rezepte und Küchenhelfer, dazu Düfte, Zutaten und Tischwäsche. Neben Design-Klassikern finden sich hier auch moderne Zeitgenossen des Savoir-vivre. Zeit und Muße sollten Sie allerdings ausreichend mitbringen, denn die braucht man hier wirklich.

Wahlenstraße 16
Mo. – Fr. 10.00 – 19.00 Uhr | Sa. 10.00 – 18.00 Uhr
etagere-regensburg.de

SONNTÄGLICHE ORGELMATINEE IN DER MINORITENKIRCHE

Das ist ein echter Geheimtipp: Das riesige ehemalige Gotteshaus des Bettelordens gehört heute zum Historischen Museum der Stadt und wird gerne für besondere Veranstaltungen genutzt. Ein Highlight sind die Orgelkonzertreihen, die hier regelmäßig veranstaltet werden. Infos dazu gibt es bei der Tourist-Information am Alten Rathaus. Ein einmaliges Erlebnis in einer Kirche, die sehr beeindruckt und eine gute Akustik besitzt!

Dachauplatz 2

DOM ORGELKONZERTE

Regensburg hat einen imposanten Dom mit einer außerordentlich klangvollen Orgel, die übrigens die größte hängende Orgel weltweit ist! Von Ende Mai bis Anfang August finden regelmäßig um 20.00 Uhr Konzerte statt, die ein Hochgenuss für Musikliebhaber sind.

Termine, Karten & Informationen:
Infozentrum Domplatz 5
Tel. (0941) 59 71 662
Tourist-Information im Alten Rathaus

Freizeit & Beauty

SCHIFFFAHRT DONAUDURCHBRUCH – WELTENBURG

Donauaufwärts wartet ein Naturschauspiel auf Genießer: *der Donaudurchbruch* und dahinter *das Kloster Weltenburg* auf einer Sandbank mitten im Fluss. Die Fahrt geht zunächst bis Kelheim, vorbei an zauberhaften Donautallandschaften. Dann steigen die Ufer plötzlich steil an und der markante *Donaudurchbruch* zum *Kloster Weltenburg* zeigt deutlich die Kraft des Flusses. In Weltenburg lädt übrigens ein idyllischer Biergarten zum Verweilen ein – an Sommertagen sehr frequentiert, aber wirklich schön. Die Fahrten bietet die Regensburger Personenschifffahrt an, die an unterschiedlichen Stellen nahe der Altstadt ankert.

Karten & Informationen: Verkaufspavillon, Thundorferstraße
schifffahrtklinger.de

NEPAL-HIMALAYA-PAVILLON

Himalaya an der Donau? Zen-Philosophie im Bayerischen Wald? Nepalesische Tempelarchitektur in Nachbarschaft zur Walhalla? Na klar, in Wiesent, ein paar Kilometer donauabwärts, gibt es genau das. Für die Genießerin wartet dort ein Ausflugsziel der Extraklasse: mit einem artenreichen Staudenpark, über 3 500 Pflanzenarten und traumhaften Spazierwegen durch dieses Kleinod der Gartenbaukunst. Das Ganze ist tatsächlich öffentlich und extrem vielseitig: Teiche, Trockengärten und feuchte Wiesen wechseln sich mit Chinaschilf, Unmengen prachtvoll blühender Pfingstrosen und japanisch geharkten Kiesflächen ab. Das ist Schönheit für Augen und Seele, die man gesehen haben muss. Die Öffnungszeiten variieren, deshalb immer erst einen Blick auf die Webseite werfen; die Eintrittsgelder werden gespendet.

Martiniplatte 93109 Wiesent
nepal-himalaya-pavillon.de

Blick von Osten auf die Stadt und die Anleger der Donauschiffe

53

PETRA GÖTZ KOSMETIK

Woran erkennt man eine wirklich gute Kosmetikerin? In erster Linie daran, dass sie ihr Handwerk versteht und dabei den Genussfaktor nicht aus den Augen verliert. Ausführliche Haut- und Typanalyse, Rückfragen nach Allergien oder Erkrankungen, darauf abgestimmte Behandlungen und perfekte Maniküre oder Pediküre sind das eine; Wohlfühlatmosphäre und vollkommene Entspannung für die Kundin jedoch ebenso wichtige Faktoren. Denn letztendlich geht es um Handwerk und Gefühl. Beides harmoniert perfekt bei *Petra Götz* im Westen der Altstadt. Besonders zu empfehlen sind die Ganzkörperbehandlungen mit anschließender Pediküre für geschundene Füße nach dem Stadtbummel.

Wollwirkergasse 25
Tel. (0941) 59 98 570

MILLER PARFÜMERIE

Abschalten, eintauchen, fallenlassen und genießen – das geht besonders schön bei *Miller Parfümerie* in einer der ganz neuen Beauty-Kabinen. *Glücksgefühl* oder *Zauberwelt* heißen die Behandlungen zum Beispiel, die Kosmetik und Pflege entspannend verbinden. Das besondere Detail: Wer sich etwas mehr Zeit nimmt und vorab ausführlich beraten lässt, kann eine der natürlichen oder biologischen Pflegelinien entdecken, für die das alteingesessene Geschäft bekannt ist. Das gilt auch für viele Düfte, die es dort in Bioqualität gibt. Dieses nachhaltige und bewusste Denken spürt man überall – und was gibt es Schöneres, als ein Beauty-Treatment mit Langzeitwirkung?

Neupfarrplatz 16
Termine nach Vereinbarung
parfuemerie-miller.de

Nachtleben

WEIN- UND MUSIKFEST IM STADTPARK

Das *Wein- und Musikfest* wird von der Stadt Regensburg selbst veranstaltet und findet leider nur jedes zweite Jahr statt. Leider deshalb, weil es allen richtig Spaß macht. Es gibt eine Bühne mit buntem Musikprogramm, dazu diverse Winzer, die ihre Weine vorstellen und ein reiches kulinarisches Angebot.

Besonders schön: Man kann kommen und gehen, wann man möchte, es ist bis tief in die Nacht immer viel los und einen Dresscode gibt es auch nicht. Dafür manchen guten Wein, den es zu probieren lohnt.

Prüfeninger Straße
Informationen: regensburg.de

PRICKELNDE
KLEINE SÜNDEN

So lautet der Name eines Champagner-Seminars bei Familie Henneberger von *Wein & Olive*. Ein Seminar als Beitrag zum Nachtleben? Wer sich darüber wundert, sollte wissen, dass es spät wird! Sehr spät. Der viele Champagner wird u. a. mit Foie Gras und Kaviar serviert, dazu stehen Jakobsmuscheln, Lachstartar und Zwiebelconfit auf dem Menü. Das dauert und will genossen werden. Geht ebenso wie die Weinseminare mit französischen Spitzenlagen nur auf Vorbestellung!

Watmarkt 7 | Mo.14.00 – 20.00 Uhr
Di. - Fr. 12.00 – 20.00 Uhr | Sa. 10.00 – 18.00 Uhr
wein-olive.de

AUCH EINEN BESUCH WERT

Der jährliche *Theaterball* des Stadttheaters am Bismarckplatz ist ein Ereignis, das stets unter einem anderen Motto steht. Vier Livebands verteilen sich über das Haus und bieten von Disco bis Standard alles, womit man die Nacht durchtanzen kann. Viel kleiner, aber mindestens so stimmungsvoll ist die jährliche *Weihnachtsgala im Orphée* mit Livemusik und einem Mehrgangmenü. Ausgelassener wird vermutlich nirgends gefeiert, als in der Unteren Bachgasse 8 *(hotel-orphee.de)*.

Hotels

Deluxe-Zimmer im Hotel Goliath

HOTEL GOLIATH

Das erste Haus am Platz fällt durch die farbenfrohe Lobby und stylische Café-Bar auf. Jedes Zimmer ist liebevoll eingerichtet; Chefin Stephanie Birnthaler legt persönlich bei der Deko Hand an! Diese Liebe zum Detail setzt sich beim Frühstück ebenso fort wie beim abendlichen Drink auf der Dachterrasse – einem besonders schönen Ort, um den Tag mit Genuss ausklingen zu lassen. Tipp: Erkundigen Sie sich nach Arrangements für die Schlossfestspiele, das lohnt sich!

Goliathstraße 10
hotel-goliath.de

HOTEL ORPHÉE: ANDREASSTADEL

Frühstück am Bett als Standard, dazu eine kleine eigene Terrasse zu den Donauauen mit einem sensationellen Blick auf die Stadt – in diesem Hideaway ist genau das möglich. Der *Andreasstadel* im Parterre des Künstlerhauses hat allerdings nur zehn traumhaft schöne Zimmer mit mediterraner Einrichtung inklusive Küche und ist begehrt. Das könnte auch daran liegen, dass dieses Hotel nur wenige Minuten Fußweg von der lebhaften Altstadt entfernt ist – und trotzdem in einer anderen Welt zu liegen scheint. In Stadtamhof ticken die Uhren irgendwie anders, das spürt man hier ganz deutlich! Unser Tipp: einchecken und probeschlafen.

Andreasstraße 26
hotel-orphee.de

DAS GÖTZFRIED KULTUR & SPA HOTEL

Etwas außerhalb Regensburgs gelegen, aber ein Hotspot für Wellness-Liebhaberinnen ist das *Kultur & Spa Hotel Götzfried* im Stadtteil Wutzlhofen, der mit dem Bus direkt und bequem zu erreichen ist. Allein der großartige Spa-Bereich bietet 1 100 Quadratmeter Erholung, ein eigener Wellnessgarten gehört auch dazu. Unzählige Anwendungen warten bei Schlechtwettertagen darauf, Körper und Seele zu verwöhnen – auch als Day-Spa buchbar. Der 4-Sterne-Familienbetrieb hat die komfortablen Zimmer und Suiten vor einiger Zeit aufwändig renoviert, das dazugehörige Restaurant mit seinen vielen gemütlichen Stuben bietet gehobene regionale Küche.

Wutzlhofen 1
hotel-goetzfried.de

Tipps A – Z

B

Blume N°9 *Geschäft*
Wahlenstraße 9 | Seite 43

D

Da Pietro e Fabio *Restaurant*
Grasgasse 1 | Seite 46

Das Götzfried *Hotel*
Wutzlhofen 1 | Seite 57

Dom Orgelkonzerte *Kirche/Kultur*
Domplatz 5 | Seite 51

E

Étagère *Design & Genuss*
Wahlenstraße 16 | Seite 51

F

Feinkost Rehorik
Am Brixener Hof 6 | Seite 42

Feinkost Sarik
St.-Kassians-Platz 4 | Seite 43

Fennobed *Geschäft*
Bruderwöhrdstraße 15b | Seite 42

H

Hotel Goliath
Goliathstraße 10 | Seite 56

Hotel Orphée: Andreasstadel
Andreasstraße 26 | Seite 57

K

Konditorei Opera *Konditorei*
Prüfeninger Straße 44a | Seite 43

L

Lorenzo *Boutique*
Rote-Hahnen-Gasse 3 | Seite 41

M

Markthalle *Feinkost*
D.-Martin-Luther-Straße 2 | Seite 43

Miller Parfümerie
Neupfarrplatz 16 | Seite 54

Minoritenkirche *Museum*
Dachauplatz 2 | Seite 51

N

Nepal-Himalaya-Pavillon *Park*
Martiniplatte | 93109 Wiesent
Seite 53

O

Orphée *Restaurant*
Untere Bachgasse 8 | Seite 60

Osteria Federico II *Restaurant*
Deischgasse 1 | Seite 46

Lieblingsort

ORPHÉE

Hier frühstückt Regensburg! Und zwar von de Luxe bis vegetarisch, von italienisch bis französisch oder ganz individuell mit frischem Baguette, Joghurt mit Früchten oder Birchermüsli, Antipasti oder Kuchen. Es gibt einfach alles – und jeder kommt. Kein Wunder, finden wir, denn schöner kann man den Tag kaum beginnen! Im Sommer besonders begehrt sind die Plätze draußen in der Gasse. Da hilft nur früh aufstehen oder Glück haben. Und wer lange sitzen bleibt, kann ja später wieder einsteigen. Schließlich ist das *Orphée* auch für seine französische Küche berühmt!

Untere Bachgasse 8
Tägl. 8.00 – 1.00 Uhr
hotel-orphee.de

storstad

Watmarkt 5 . 93047 Regensburg . WEB storstad.de
FON 09 41 . 59 99 30 00 . E-MAIL info@storstad.de

Die Familienmanagerin

Sie bevorzugt Orte und Events, wo möglichst alles geboten ist: gemeinsamer Spaß, Unterhaltung für die Kleinen – und Erholung für die Eltern.

LOSLASSEN! Für die Familienmanagerin ist das der größte Entspannungsfaktor: einmal nicht für alles verantwortlich zu sein, mit ruhigem Gewissen die Kinder nicht permanent im Blick haben zu müssen und trotzdem zu wissen, dass alles rund läuft. In Regensburg geht das besonders gut. Denn die Stadt hat von Anfang an daran gedacht, auch Familien in das Tourismus- und Freizeitangebot mit einzubeziehen. Deshalb gibt es spezielle Kinderstadtführungen, viele generationsübergreifende Events und ein innerstädtisches Verkehrskonzept, das größtmögliche Sicherheit verspricht. Man kann die Kids also laufen lassen. Und wenn sie müde werden, lockt an jeder Ecke familientaugliche Gastronomie – das hilft immer.

ABENTEUER BITTE! Davon hat nämlich die ganze Familie etwas. Zum Beispiel beim Ritterspektakel am Grieser Spitz, auf dem Spielplatz neben dem Biergarten, in der Volkssternwarte, im Kletterwald oder auf einer echten Römergaleere. Das hängt natürlich vom Alter Ihrer Kinder ab – und davon, ob Sie bereit sind, sich auch außerhalb der Stadttore zu bewegen. Wie auch immer Sie sich entscheiden: Ein Besuch der Tourist-Information im Vorfeld macht gerade für Familien Sinn. Denn einige der angebotenen Aktivitäten sind wetter- und saisonabhängig, andere gerne schnell ausgebucht. Sie wissen selbst am besten, wie wichtig als Familienmanagerin eine reibungslose Organisation ist!

RAUM FÜR SPONTANITÄT gehört deshalb in diesem Kapitel unbedingt dazu! Es ist heiß und die Kids haben keine Lust mehr auf Stadtbummel? Der nächste Park mit erfrischenden Getränken im schattigen Biergarten ist nicht weit. Laufen findet Ihre Familie irgendwann uncool? Dann wechseln Sie aufs Schiff! Kurzfristige Kinderbeschäftigung und ein paar Minuten Entspannung im Grünen wären schön? Auf zum Abenteuerspielplatz an den Oberen Wöhrd! Es fängt an zu regnen? Wie wäre es mit einer Schmökerstunde in einer Buchhandlung mit großräumiger Kinderabteilung, einer Kaffeebar und gemütlichen Sitzecken? Oder haben plötzlich alle Hunger? Coole und vor allem frische Burger aus hochwertigen Zutaten gehen doch immer, oder? Sie merken es schon: Regensburg ist familienfreundlich. Überzeugen Sie sich selbst!

Einkaufen & Flanieren

Ein Blick in das Kaufhäuschen

KAUFHÄUSCHEN

Kennen Sie die mampa-Kollektion?
Wenn nicht, nehmen Sie sich Zeit, sie
zu entdecken: Geschirr, Babyausstat-
tung, Tischwäsche, Yoga-Mode, Schür-
zen, witzige Looks für Schwangere,
coole Ideen für Schüler und Studenten, Geschenke – kurz: Alles, was der

ganzen Familie Spaß macht, gibt es in Regensburg exklusiv im *Kaufhäuschen.* Der Laden selbst ist übrigens auch eine Schau. Überzeugen Sie sich selbst!

Königsstraße 1
Mo. – Fr. 10.00 – 19.00 Uhr | Sa. 10.00 – 18.00 Uhr
kaufhaeuschen.de

MENSCHENSKINDER

Erinnern Sie sich noch daran, welche schönen Dinge einst Ihre Kindheit verzaubert haben? Seifenblasenmaschinen zum Beispiel, bunte Windmühlen aus Papier oder Stoff, Glasperlenspiele und Postkarten zum Sammeln und Verschicken. Im Zeitalter von Smartphones und digitaler Kommunikation ist dieses Geschäft geradezu idyllisch. Lohnt sich!

Kohlenmarkt 1 | Mo. – Fr. 10.00 – 18.30 Uhr
Sa. 10.00 – 18.00 Uhr
menschenskinder.org

TRAUMLAND

Ein echtes Kindermoden-Fachgeschäft mit richtiger Beratung und Menschen darin, die verstehen, worauf es bei Kindermode ankommt – gibt's das überhaupt noch? In Regensburg zählt *Traumland* dazu: mit der Kultmarke *krima & isa* und hochwertiger Unter- und Nachtwäsche sowie Kleidung von *Petit Bateau.* Sie wissen schon, das sind diese zauberhaften gestreiften

Hemdchen mit dem französischen Charme. Unter ihrem eigenen Label *Donaustern* bietet Inhaberin Monika Achhammer außerdem Geschenkideen (alles handgemacht!) auch für Eltern. Von daher unser Einkaufstipp für die ganze Familie. Ein Traum!

Fröhliche-Türken-Straße 3
Mo. – Fr. 10.00 – 13.00 und 14.00 – 18.00 Uhr
Sa. 10.00 – 16.00 Uhr
kinderwaesche-traumland.de

Schon die Kleinsten lesen gerne

SECONDHAND STERNENZAUBER

Kinder sind kostspielig. Gerade Kleidung ist ein großer Kostenfaktor. Wie gut, dass es Geschäfte wie dieses gibt, die auf hochwertige Secondhand-Artikel und Outletware für Kids spezialisiert sind! Denn hier findet man alles zum fairen Preis und nachhaltig gehandelt. Dazu gibt's eine Tasse Kaffee und viele Produkte regionaler Kunsthandwerker zum Staunen und Entdecken – das macht wirklich allen Spaß!

Baumhackergasse 1 | Mo. 14.30 – 17.00 Uhr
Di. 10.00 – 13.00 Uhr und 14.30 – 17.00 Uhr
Do. 14.30 – 17.00 Uhr | Sa. 10.00 – 13.00 Uhr
sternenzauber-regensburg.de

WOLF LESEN UND LERNEN

Eine Fachbuchhandlung für Schule und Pädagogik – das klingt zunächst nicht so spannend! Ist es aber, denn gerade in den Bereichen Bilderbuch, Vorlesen und Erstes Lesen ist *Wolf lesen und lernen* eine Top-Adresse. Außerdem bekommt man alle erdenklichen Lernhilfen, die – vorausgesetzt, sie passen zu Wissensstand und Alter – sogar richtig Spaß machen können. Kurz: Hier lässt sich das Angenehme mit dem Nützlichen verbinden, kompetente Beratung inklusive.

Neuhausstraße 2
Mo. – Fr. 9.00 – 18.00 Uhr | Sa. 10.00 – 16.00 Uhr
wolf-lesen-lernen.de

FARBEN ECKERT

Ein echter Geheimtipp für Familien, in denen noch eifrig gemalt und gebastelt wird! Denn hier gibt es praktisch alles: von Wachsmalkreiden über Künstlerfarben und alle erdenklichen Bildgründe über glitzernde Streusterne, Sticker und bunte Transparentpapiere bis hin zu Bastelfolien, Bilderrahmen, Blanko-Kalendern und vielen anderen Dingen, aus denen man wunderschöne Geschenke machen kann. Unser Tipp: Der nächste Regentag kommt bestimmt – am besten gleich vorsorgen!

Am Kohlenmarkt | Mo. – Fr. 9.30 – 18.00 Uhr
Sa. 9.30 – 16.00 Uhr | farben-eckert.de

EISMOND

Wenn Sie auch zu den Müttern gehören, die ihre Lieben gerne mit Selbstgestricktem versorgen, warten hier die schönsten Wollen und Garne. Nachhaltig produziert und mit Naturfarben gefärbt, sind die Materialien unbedenklich und ethisch einwandfrei – darauf legt die Besitzerin Wert. Erstaunlich groß ist die Auswahl und damit die Erkenntnis: Öko heißt nicht Sack und Asche! Ein echter Geheimtipp sind übrigens die *Eismond-Strickkurse und -treffen,* auch für Anfänger und Newcomer.

Glockengasse 16 | Mo. – Fr. 10.00 – 18.00 Uhr
Sa. 10.00 – 16.00 Uhr | eismond.com

Ein Blick ins Zookies

ZOOKIES

Gehört zu Ihrer Familie vielleicht ein Hund? Regensburg hat auch für Ihren Vierbeiner etwas zu bieten: Denn bei *Zookies* gibt es nicht nur handgemachte Hundekekse ohne Zusatzstoffe und hochwertiges Equipment, sondern Besitzerin Sabine Beintinger engagiert sich mit vielen Aktionen auch im Tierschutz. Dafür und auch für die von ihr initiierte Hundetagesstätte ist sie buchstäblich bekannt wie ein bunter Hund. Unser Tipp: Einfach einmal hineinschnuppern!

Obere Bachgasse 2 | Di. – Fr. 12.00 – 18.00 Uhr
Sa. 11.00 – 15.00 Uhr | zookies.de

ZAUBERGARTEN

Designermode für Kinder? Warum nicht! Wenn Balthasar der Thekendrache auftritt und an der *Papa- und Teeniestation* Internet und Kicker warten, geht alles noch entspannter. Und das lohnt sich, denn hier gibt es coole Looks von Burberry bis Ralf Lauren für alle, die schon in jungen Jahren gerne Trends setzen (oder Eltern, die diese Labels lieben). Das Nette am Zaubergarten ist übrigens die bodenständige Inhaberin: Sie berät kompetent und freundlich. Sehr angenehm!

Obermünsterstraße 8
Mo. – Sa. 9.30 – 18.00 Uhr

EISENHERZ

Unikate aus Stoff, Schmuck, kleine liebevoll gestaltete Kästchen, witzig bedruckte T-Shirts und selbstgenähte Kleidung für Kinder – der ungewöhnliche Laden, der von drei Frauen geführt wird, ist in jedem Fall einen Besuch wert! Das mag auch daran liegen, dass man sich hier beim Shoppen gleich die Haare machen lassen kann. Klingt schräg, ist aber genial (und mit Voranmeldung besser). Unser Tipp: die Eulentaschen für coole Mütter!

Am Brixener Hof 7
Di., Do. – Fr 10.00 – 18.00 Uhr
Mi 12.00 – 15.00 Uhr | Sa. 10.00 – 16.00 Uhr
eisenherz-regensburg.de

SELMAIR

Richtig gutes Spielzeug – der Slogan dieses wundervollen Ladens mitten in der Altstadt bringt es auf den Punkt: Wenn Sie pädagogisch wertvolles, altersgerechtes und umweltfreundliches Spielzeug für Ihre Kids suchen, sind Sie hier richtig. Das Personal ist gut geschult und daran gewöhnt, dass Kinder im Laden herumwuseln. Der Clou: eine begehbare Kinderburg, viele Ideen zum *Probespielen* und eine Bucheck zum Schmökern.

Untere Bachgasse 2
Mo. – Fr. 9.30 – 18.30 Uhr | Sa 9.30 – 18.00 Uhr
selmair-spielzeug.de

TAVO

Das alteingesessene Oberpfälzer Familienunternehmen hat nun endlich auch ein Ladengeschäft in der Regensburger Altstadt, mit Homewear für Kinder und Erwachsene und kompletten textilen Ausstattungen für Babys und Kids. Das reicht von winzigen Schlafsäcken über Bettwäsche und Kuschelkissen bis hin zu zauberhaften Betthimmeln. Alles stammt aus der eigenen Designwerkstatt mit öko-zertifizierter Produktion und garantiert einen traumhaften Schlaf.

Tändlergasse 2
Di. – Fr. 11.00 – 18.00 Uhr
Sa. 11.00 – 17.00 Uhr | tavo.de

Wunderschöne Textilien von Tavo

AUCH EINEN BESUCH WERT

Der *Eine Welt Laden* in der Oberen Bachgasse 23 verkauft nur Waren aus fairem Handel – und u. a. Spielzeug aus Afrika und Südamerika; im *Ballettladen Haschberger* in der Unteren Bachgasse 3 finden kleine Ballerinas vom ersten Tutu bis hin zum Spitzenschuh alles für den perfekten Auftritt – und tanzwütige Eltern richtig gute Tanzschuhe und Kleidung. Ebenfalls einen Besuch wert ist *Franzis Moden* am Neupfarrplatz 16, wo Familienmanagerinnen bereits in der dritten Generation kompetent in Sachen Kindermoden beraten werden.

Essen & Trinken

CAFÉ LOLA

Mitten in der Altstadt gelegen ist dieses kleine Café der ideale Ort für eine erholsame Pause vom Sightseeing- oder Shopping-Stress. Besonders beliebt ist hier das reichhaltige Frühstück, das nicht nur zauberhaft angerichtet und extrem freundlich serviert wird, sondern auch keine Wünsche offen lässt: mit gesundem Müsli, Obst und frisch gepresstem Orangensaft, Eierspeisen, leckeren Käse- und Wurstspezialitäten, knusprigen Semmeln und herrlich duftendem Kaffee. Abends verwandelt sich das helle und familienfreundliche Café übrigens in eine stylische Bar für junge Eltern.

Pfarrergasse 6
Tägl. 9.00 – 1.00 Uhr | cafe-lola.de

Frühstück im Café Lola

BUDDIES BURGERBAR

Alle Kinder lieben Burger – und viele Eltern auch. Frisch gemacht und mit Fleisch von regionalen Metzgern schmecken sie gleich noch viel besser! Der Clou: Auch die Buns sind hier Handarbeit nach eigenem Spezialrezept und kommen direkt aus der Backstube eines benachbarten Bäckers. Dazu die hauseigenen Soßen, Chutneys und Dressings – und der perfekte Burger wartet auf den ersten herzhaften Biss! So geht Fastfood!

St. Petersweg 15
Mo. – Fr. 11.00 Uhr till last girl leaving
Sa. 11.00 Uhr till last girl leaving
Sonn- und Feiertage 17.00 Uhr till last man standing | buddiesburgerbar.de

BIERGARTEN PRÜFENINGER SCHLOSSGARTEN

Zugegeben, er liegt nicht in der Altstadt, ist aber dennoch ein perfektes Ziel für Familien: der *Biergarten im Prüfeninger Schlossgarten.* Denn hier gibt es Schatten, zünftige Brotzeiten, Eis und kindertaugliche Gerichte, dazu einen großen Spielplatz mit Schaukeln, Wippen, einem Karussell, Rutschen, einem Spielschiff und einer riesigen Sandkiste. Das garantiert ein paar entspannte Stunden für die ganze Familie!

Prüfeninger Schloßstraße 75
Mo. – So. 11.00 – 23.00 Uhr (Di. Ruhetag)
Biergarten nur im Sommer geöffnet!
pruefeningerschlossgarten.de

OSTERIA SICILIANA

Wo einst der traditionsreiche Regensburger Ruderclub seine Boote lagerte, kocht nun der Sizilianer Pietro Pino täglich frische Antipasti, Pizza und Pasta, herrliche Dolci und italienische Fisch- und Fleischspezialitäten. Das familientaugliche Restaurant mit vielen Terrassenplätzen im Sommer ist oft ausgebucht, weshalb man unbedingt reservieren sollte. Unser Tipp: Zu Fuß von der Altstadt über den Eisernen Steg mit den vielen Liebesschlössern spazieren, um von der Oberen-Wöhrd-Insel einen Blick auf den zauberhaften Westteil der Altstadt zu erhaschen.

Schopperplatz 3
Mo. – Sa. 17.00 – 24.00 Uhr
Sonn- und Feiertage 11.00 – 23.00 Uhr
osteriasiciliana.de

KUCHENBAR

Mögen Sie und Ihre Familie selbstgemachte Kuchen nach Omas Rezepten? Eine klassische Schwarzwälder-Kirschtorte, Käsesahnekuchen, Erdbeerrolle, Frankfurter Kranz oder Sacher? Oder bevorzugen Sie moderne Kreationen mit Limetten, tropischen Früchten und Vollkornmischungen im Teig? Was auch immer Sie gerne genießen: Sie finden es hier! In der *Kuchenbar* gibt es einfach eine Riesenauswahl, morgens auch ein reichhaltiges Frühstück zu guten Preisen – und mit etwas Glück im Sommer einen Platz an der Sonne mit Blick auf die Schleuse. Ein echter Geheimtipp!

Am Protzenweiher 1
Mi. – Fr. 8.00 – 18.00 Uhr
Sa. – So. 9.00 – 19.00 Uhr
kuchenbar-regensburg.de

Bewusst & Gesund

In Regensburg finden Besucher und Bewohner über das ganze Stadtgebiet verteilt kleinere und große *Bio-(Super-)märkte.* Praktisch überall kann man bewusst und gesund einkaufen, ist das nicht herrlich? Und wer dann auch noch Wert auf regionale Produkte legt, besucht einfach einen der täglich stattfindenden *Wochenmärkte.* Alle Infos unter *regensburg.de.* Ihre Familie ernährt sich vegan? Dann sollten Sie das *Tara-café* Am Brixener Hof 5 kennenlernen. Denn das zertifizierte Bio-Restaurant kocht streng vegan und lecker. Informationen unter *taracafe-regensburg.de.*

Frisches Obst und Gemüse am Wochenmarkt

Regensburg ist für mich ein Schoß für Familien. Viele liebevolle Krabbel-gruppen, Kindergärten, Spielplätze, Cafés mit großzügigen Ecken für Kinder-wagen, Parks inmitten der Stadt ...
Egal, wohin man blickt: Überall sieht man glückliche Familien mit quietschvergnügten Kindern.
In Regensburg ist Familie König.

MARIA BURGES
JOURNALISTIN, VERLEGERIN & REISEBLOGGERIN
UND AM LIEBSTEN IN REGENSBURG DAHOAM

Kultur & Design

NATURKUNDEMUSEUM

Um Lebensräume geht es im Regensburger *Naturkundemuseum,* das in einem zauberhaften Palais Einzug gehalten hat. Zu entdecken gibt es viel: original nachempfundene Naturalienkabinette aus früheren Jahrhunderten, eine *Holzbibliothek* und ständig wechselnde Sonderausstellungen zu Natur und Fauna. Angegliedert ist ein Umweltzentrum mit einem großen pädagogischen Angebot. Bei schönem Wetter lockt anschließend der Herzogspark mit zahlreichen Lehrpfaden und exotischen Pflanzen.

Am Prebrunntor 4
Mo. 9.00 – 12.00 Uhr | Di. – Fr. 9.00 – 16.00 Uhr
So. 10.00 – 17.00 Uhr | nmo-regensburg.de

KINDER-STADTFÜHRUNGEN

Stadtführungen sind bei Kindern und Jugendlichen erfahrungsgemäß nicht so beliebt. Wie gut, dass die Stadt Regensburg sich darauf eingestellt hat und mit coolen Titeln wie *Bock auf Regensburg*, *Kinderschnitzeljagd* oder *Die Big Five – eine Welterbesafari* auf Familien zugeht. Ob kindgerechte Römerführung oder Zeitreise mit kostümierten Schauspielern – das unterhaltsame Spektakel macht der ganzen Familie Spaß und bildet ganz nebenbei.

Alle Führungen unter:
regensburg.de/tourismus/fuehrungen-und-rundfahrten/regelmaessige-fuehrungen/kinderstadtfuehrungen/32188

KINDER- UND JUGENDTHEATER

Regensburg mag zwar keine Großstadt sein, besitzt aber immerhin ein eigenes *Kinder- und Jugendtheater*. Ständig wechselnde Inszenierungen und echte Dauerbrenner beweisen: die Botschaft kommt an. Die Spielstätte befindet sich in der ehemaligen Französischen Gesandtschaft gegenüber vom Stadttheater – dem neuen Haus der Musik. Unser Tipp: Unbedingt das Programm studieren und eine der vielen Aufführungen besuchen.

Bismarckplatz 7
theater-regensburg.de

document neupfarrplatz

AN REGENTAGEN EINE GUTE ALTERNATIVE

Das unterirdische Regensburg hat viel zu bieten! Im *document niedermünster* oder *document neupfarrplatz* kann man auf geführten Zeitreisen und mit Lichtanimation erfahren, wie sich die Stadt seit den Römern entwickelt hat (buchbar bei der Tourist-Information). Für künstlerisch interessierte Kids hat das *Kunstforum Ostdeutsche Galerie* zahlreiche Mitmach-Aktivitäten zu bieten, während die Eltern durch die Sammlung und Ausstellung schlendern können. Informationen unter *kog-regensburg.de.*

DOMBAUHÜTTE

Es hämmert und klopft ohne Unterlass hinter dem Dom! Da lohnt es sich, einmal genauer nachzuschauen und einen Blick in die *Dombauhütte* zu werfen. Denn hier wird noch genauso wie vor 500 Jahren gearbeitet, um am Dom Reparaturarbeiten durchzuführen oder Teile zu ersetzen. Kalk- und Grünsandstein verwandeln sich zu Figuren oder architektonischen Details, die am Bau marode geworden sind. Würde man sie maschinell fertigen, wäre der Gesamteindruck massiv gestört. Eine seltene Gelegenheit, Handwerkskunst längst vergangener Zeiten zu erleben!

Domgarten 4

Freizeit & Beauty

Volkssternwarte

VOLKSSTERNWARTE

In Regensburg thront tatsächlich eine der ältesten *Volkssternwarten* der Welt über den Dächern der Stadt – und jeden Freitagabend bei klarem Himmel (außer in der Sommerpause und an Feiertagen) ist es so weit: Bei öffentlichen Sternführungen öffnet sich irgendwann das große Fernrohr und gibt den Blick in den unendlichen Himmel frei. Das haben schon Generationen vor uns geliebt, weil es spannend, hochinteressant und sehr meditativ ist. Unser Tipp: Werden Sie für einen Abend Sternenguckerin – vielleicht entdecken Sie den Kleinen Prinzen oder den Mann im Mond!

Ägidienplatz 2
sternwarte-regensburg.de

KLETTERWALD

Im Hochseilgarten eigene Grenzen erleben – das ist ein großes Abenteuer für die ganze Familie! Seilübungen, wackelige Holzbrücken, Hangel-Lianen und zahlreiche Hindernisse wollen überwunden werden. Ein echtes Highlight: der Kids-Parcours! Geöffnet ist der *Kletterwald* von April bis September – und auch die nicht schwindelfreien Familienmitglieder finden im hauseigenen Café einen sicheren Raum zum Entspannen.

Am Walderlebniszentrum Regensburg
93161 Sinzing
kletterwald-regensburg.de

NIMMERLAND MINIGOLF

Was jahrelang nur an der frischen Luft stattfand, ist nun auch schlechtwettertauglich: Indoor-Minigolf. Gerade Kinder und Jugendliche haben großen Spaß am kleinen Golfplatz! In Regensburg gibt es tatsächlich eine Indoor-Anlage mitten in der Altstadt mit immerhin neun Löchern und sehr ungewöhnlichen Installationen. Allein das eigenwillige Ambiente ist ein Grund, den nächsten Regentag dort zu verbringen, finden wir!

Obermünsterstraße 11
Mo. – Do. 15.00 – 23.00 Uhr
Fr. – Sa. 15.00 – 24.00 Uhr | So. 15.00 – 21.00 Uhr

FALKENHOF SCHLOSS ROSENBURG

Der *Falkenhof* in Riedenburg nimmt eine Tradition der einstigen Grafen von Riedenburg wieder auf. Hoch oben auf der Burg gibt es zweimal täglich Flugschauen mit frei fliegenden Greifvögeln – einfach atemberaubend. Allein der Rundgang durch die Falknerei und Burganlage ist ein Abenteuer und Faszination pur. Unbedingt einmal anschauen!

Falkenhof Schloss Rosenburg
93339 Riedenburg
Öffnungszeiten, Termine & Informationen:
falkenhofrosenburg.de

Ein Wolf im Tierpark Lohberg

REGENSBURGER SPECTACULUM

Es ist *das* Mittelalterfest der Region! Die faszinierende Welt der Gaukler, Ritter, Hofdamen, Marktweiber und Handwerker zeigt sich ein ganzes Wochenende lang auf dem Grieser Spitz an der Donau und bietet gerade für Familien ein tolles Programm – mit Musik, Essen, Handwerk, Wettkämpfen, Tanz und Märchen. Das Fest wird jährlich von der *Stadtmaus* veranstaltet.

Termine & Informationen: stadtmaus.de

TIERPARK LOHBERG

Einen Zoo hat Regensburg nicht, dafür ganz in der Nähe einen Bayerwald-Tierpark mit über 400 Tieren in 100 Arten! Dazu gehören ein Wolfsgehege, Aquarien und Volieren, Naturlehrpfade und natürlich ein Streichelzoo. Kurz: das perfekte Ausflugsziel für Familien mit kleineren Kindern!

Schwarzenbacher Straße 1a | 93470 Lohberg
Apr. – Okt. 9.00 – 17.00 Uhr
Nov. – Mrz. 10.00 – 16.00 Uhr
bayerwald-tierpark.de

GRILLPLATZ DONAUPARK

Traumhaft gelegen und gut mit dem Fahrrad oder bei einem längeren Spaziergang zu erreichen, ist der öffentliche *Grillplatz* direkt an der Donau. Hier können alle ausgelassen toben, am Donaustrand sitzen oder einfach nur picknicken. Für schöne Tage …

ENTSPANNUNG
UND FREIZEIT

Für die Familienmanagerin geht's in Regensburg auch ganz entspannt: Sie schlagen Ihrem Partner und den Kindern entweder eine *Galeerenfahrt auf der Naab* in einer von Studenten original nachgebauten römischen Galeere vor (Infos und Fahrten unter Universität Regensburg, 0941-94 33 716) oder Sie schicken alle einfach ins wirklich sehenswerte und brandneue Stadion, die *Continental Arena,* zu einem Fußballspiel in die Franz-Josef-Strauß-Allee 1. Dann haben Sie einige Stunden Ruhe und können sich entscheiden, was Ihnen jetzt guttut. Unser Tipp: Suchen Sie in anderen Kapiteln nach Ideen und Inspiration!

Nachtleben

0941 BEACH

Wenn Sie in lauen Sommernächten partout keine Lust mehr auf Trubel und Stadt haben, lassen Sie den Abend bei schönem Wetter doch einfach am Donaustrand ausklingen. Hier warten Sand, viele Liegestühle und durch und durch entspannte Menschen auf Sie, die Ihnen Cocktails und Leckeres vom Grill servieren.

Donaulände 21 | So. – Do. 11.00 – 23.00 Uhr
Fr. – Sa. 11.00 – 24.00 Uhr

BÜRGERFEST

Alle zwei Jahre feiert Regensburg das *Bürgerfest* – eine einzige Party mit Musik auf zahlreichen Bühnen, Verkaufsständen, Leckereien, kulturellen Angeboten und vielen Ideen speziell für Kinder. Unser Tipp für familientaugliches Nachtleben, da Sie bis in den Abend hinein mitfeiern können, ohne dass die Kids sich langweilen!

Informationen:
regensburg.de

Hotels

HOTEL JAKOB

Sie reisen ohne Familie und brauchen eine Auszeit? Im *Nichtraucherhotel Jakob* sind Kids erst ab 12 Jahren willkommen, so dass es dort besonders ruhig zugeht. Es liegt am Westrand der Altstadt und ist modern eingerichtet. Die wichtigste Info für Autofahrerinnen: Das Hotel hat eine Tiefgarage!

Jakobstraße 14
hotel-jakob-regensburg.de

Zimmeransicht im Hotel Jakob

HOTEL CENTRAL

Eine praktische Unterkunft für Familien, da in Bahnhofsnähe und fußläufig zur Altstadt. Das 3-Sterne-Haus hat eine eigene Tiefgarage, Extra-Stellplätze für SUVs und Familien-Vans, WLAN in allen Zimmern und Klimaanlagen. Eine gute Wahl mit hellen und freundlichen Zimmern und in praktischer Lage.

Margaretenstraße 18
hotel-central-regensburg.de

JUGENDHERBERGE REGENSBURG

Nicht umsonst nennt sie sich *Kultur*-Jugendherberge, denn sie bietet neben der üblichen Unterkunft in Mehrbetträumen ein großartiges Ausflugs- und Weltkulturerbe-Programm für Jung und Alt an. Dazu gibt es spezielle Highlights für Familien, wie zum Beispiel Familienzimmer mit eigener Dusche

BROOK LANE HOSTEL

Eine günstige Alternative zu Hotels und Jugendherberge, ohne Mitgliedschaft und Sperrstunde! Hier gibt es neben Schlafsälen sogar Doppel- und Einzelzimmer und Selbstkocherküchen. Duschen und WCs befinden sich allerdings auf dem Gang. Für alle Altersgruppen geeignet und die einzige Übernachtungsmöglichkeit dieser Art mitten in der Stadt.

Obere Bachgasse 21
herberge-regensburg.de

und WC, Spielecken und Spielzimmer, Hochstühle, Kinderbetten und eigene Aufenthaltsräume. Die Übernachtung ist im Verhältnis zum Hotelaufenthalt mit der ganzen Familie unschlagbar günstig. Unser Tipp: ausprobieren!

Wöhrdstraße 60
regensburg.jugendherberge.de

Tipps A – Z

Lieblingsorte

Ein Blick auf die Altstadt

BÜCHER PUSTET

Dank großzügiger Kinder- und Jugend-
leseecken auf verschiedenen Ebenen
kommt hier die ganze Familie zwischendurch zur Ruhe. Ein nettes Café
rundet das Angebot ab.

Gesandtenstraße 6 – 8
Mo. – Sa. 9.30 – 20.00 Uhr
pustet.de

ABENTEUERSPIELPLATZ
OBERER WÖHRD

Der Name spricht für sich! Bei gutem
Wetter ein großer Spaß für die ganze
Familie.

Inselpark

CAFÉ UNTER DEN LINDEN

Der perfekte Ort für Familien, um sich
zu stärken und der lebendigen Innenstadt zu entfliehen. Kindertauglicher
Biergarten und familienfreundliche
Speisekarte!

Dr.-Johann-Maier-Straße 1 (Stadtpark)
Tägl. 10.00 – 24.00 Uhr
durchgehend warme Küche bis 22.30 Uhr

Die Traditionsbewusste

Sie legt Wert auf echte Traditionen, liebt ihre Heimat, Orte mit Geschichte – und freut sich über gelebtes Brauchtum und bayerische Spezialitäten.

EINE REISE IN DIE VERGANGENHEIT! So in etwa wird es die Traditionsbewusste empfinden, wenn sie das erste Mal durch die Gassen der Stadt schlendert. Denn das bunte und liebevoll restaurierte Miteinander von römischen Relikten, mittelalterlichen Häusern und Gassen, barocken Gesandtenpalästen und einzelnen Zeugen modernerer Epochen macht ihr schnell klar: Regensburg liebt und lebt die eigene Geschichte. Das spiegelt sich auch in den vielen kleinen Geschäften wider, die in der Altstadt für traditionelle Werte stehen. Denn neben zahlreichen gut sortierten Trachtenläden findet man hier noch altes Handwerk und Geschäfte, die wie Relikte aus der *guten alten Zeit* wirken. Wie schön!

EINE STADTFÜHRUNG ist für die Traditionsbewusste vermutlich der beste Einstieg in das Welterbe – zumal es zahlreiche Themenführungen zu altem Brauchtum oder überlieferten Stadtgeschichten gibt. Ist sie dann erst einmal eingestimmt auf das besondere Flair, wird sie das Leben in den Gassen, Innenhöfen und auf den malerischen Plätzen doppelt genießen. Denn es gibt für sie viel zu entdecken. Allein die traumhaften Gastronomieangebote in historischen Gebäuden sind es wert, ständig einzukehren! Wie gut, dass man in der Stadt stets zu Fuß unterwegs ist – man kann also die vielen Kalorien der deftigen Kost gleich wieder abwandern. Im Übrigen machen das auch die Regensburger so: Nur wenige Menschen benutzen den Altstadtbus, der regelmäßig von Ost nach West über Rathausplatz und Ludwigstraße und zurück durch die Gesandtenstraße seine Runden fährt. Dass es ihn gibt, ist aber eine wichtige Info, falls die Einkäufe zu schwer werden …

ÜBERALL GESCHICHTEN. Wussten Sie, dass hier die meisten Häuser, Plätze und Straßennamen einiges zu erzählen haben? Fragen Sie einfach nach, wenn Sie die Gasse *Zur schönen Gelegenheit* entdecken, über den *Haidplatz* flanieren oder durch die *Obere* und *Untere Bachgasse* schlendern, wo gar kein Wasser fließt. Oder vielleicht doch, nur Sie sehen es nicht? Und was hat es damit auf sich, dass *über die Brück* nicht geheiratet werden darf? Gehört Stadtamhof etwa nicht zu Regensburg? Sehr geheimnisvoll. Unser Tipp: Erkundigen Sie sich nach den Geschichten, die sich hinter Namen oder typischen Regensburger Redensarten verbergen! Es lohnt sich und bringt manche verblüffende Wahrheit ans Licht.

Einkaufen & Flanieren

Trachtenmode ist gelebte Heimat und wunderschön

PÖLLINGER LEDER & TRACHT

Echte Trachtenmode und dazu eine freundliche und fundierte Beratung ist die Basis dafür, dass man sich in einem Dirndl wirklich wohlfühlt. Beim Traditionshaus *Pöllinger* direkt am Dom gehört Zeit für den Kunden und seine individuellen Bedürfnisse dazu – und das seit immerhin 1860!

Deshalb fühlen sich auch Trachten-Einsteiger in den Räumen des Familienunternehmens so willkommen. Für sie gibt's ebenso wie für »echte Bayern« wunderschöne klassische Dirndl und Janker, Lederhosen in Maßanfertigung und allerlei Accessoires für den perfekten Auftritt in Tracht.

Krauterermarkt 4 | Mo. – Fr. 9.30 – 18.00 Uhr
Sa. 9.30 – 17.00 Uhr | trachtenstore.com

ALTMANN
STOFFE & KURZWAREN

Einige Tausend Meter Stoff, von Baumwolle und Jersey über Seide, Kunstleder und Wolle bis hin zu Filz, Tüll, Fell und Lederimitaten – wer gerne selber näht, findet hier die passenden Materialien. Denn Näh-Utensilien und Kurzwaren gibt es in dem Geschäft, das wie zu Großmutters Zeiten mit Herzblut und perfekter Beratung überzeugt, natürlich auch. Wie wäre es also mit dem ersten selbstgemachten Dirndl? Am besten gleich einen Nähkurs besuchen, der wird hier nämlich auch angeboten.

Schäffnerstraße 22
Mo. – Fr. 9.30 – 18.00 Uhr
Sa. 9.30 – 16.00 Uhr
altmann-stoffe.de

TRACHTEN
GEBHARD

Sie suchen nach etwas ganz Besonderem? Dann sind Sie hier richtig. Jagdbekleidung, edle Trachten und luxuriöse Jagdaccessoires gibt es hier ebenso wie eine feine Auswahl traditioneller Trachtenschuhe. Für passionierte Jäger bietet das Geschäft in den historischen Räumen auch Trophäenschilder und dekorative Schießscheiben mit historischen Motiven an. Ein echter Tipp auf der Suche nach Geschenken für leidenschaftliche Waidmänner / -frauen und Jäger / -innen, unbedingt anschauen!

Weiße-Hahnen-Gasse 4 – 6
Mo. – Fr. 9.30 – 18.30 | Sa. 9.30 – 17.00 Uhr
gebhard-trachten.de

DOMBUCHHANDLUNG

In einem der schönsten mittelalterlichen Patrizierhäuser befindet sich die *Dombuchhandlung*. An keinem anderen Ort in der Stadt ist die Auswahl an christlich religiöser Literatur zu Lebensorientierung, Gemeindearbeit oder wissenschaftlicher Theologie so groß wir hier direkt gegenüber vom Dom. Auch eine große Kinder- und Jugendbuchabteilung bietet gute Titel und viel Auswahl. Besonderes Highlight: die Regionalia mit vielen Informationen zu Stadt!

Domplatz 7
Mo. – Fr. 9.00 – 19.00 Uhr
Sa. 9.30 – 14.00 Uhr
dombuchhandlung.de

BETTEN SCHUR

Ja, auch Schlafen ist etwas, das mit Tradition zu tun hat. Vor allem dann, wenn dahinter ein alteingesessenes Geschäft steht, in dem es wirklich alles rund ums Bett gibt, Frottierwaren inklusive. Allein die Auswahl an hochwertigen Bezügen und Plaids ist sehenswert. Außerdem bietet das Unternehmen professionelle Daunenreinigung, Umarbeiten oder Neuanfertigungen an – und nicht zuletzt eine umfassende Beratung für einen guten Schlaf. Nichts wie hin und fühlen, liegen, träumen!

Ludwigstraße 2 – 4
Mo. – Fr. 9.00 – 18.30 Uhr
Sa. 10.00 – 16.00 Uhr
betten-schur.de

BÜRSTEN ERNST

Bereits 1894 wurde dieses Regensburger Familienunternehmen gegründet, das sich einem alten Handwerk widmet: der Bürstenmanufaktur. Das Ergebnis ist eine Qualität, die sich deutlich von Massenware unterscheidet. Schon in der vierten Generation verarbeitet Familie Ernst in der eigenen Manufaktur reine Naturborsten oder hochwertige Kunstfasern zu Besen oder Bürsten aller Art. Sehenswert!

Glockengasse 10
Mo. – Fr. 9.00 – 18.00 Uhr
Sa. 9.00 – 16.00 Uhr
buersten-ernst.de

KORBMACHER

Der einzige *Korbmacher* der Stadt, Hans Weger, hat sein kleines Ladengeschäft am südlichen Rand der Altstadt. Seine handgemachten Stücke und Maßanfertigungen sind absolut alltagstauglich und gehören in vielen Regensburger Haushalten einfach dazu – vom Wäschekorb bis hin zum stabilen Einkaufskorb für den Wochenmarkt. Möbel macht er übrigens auch – und gerne zeigt er live, wie das alte Handwerk funktioniert.

Fröhliche-Türken-Straße 14
Mo. – Fr. 9.00 – 18.00 Uhr

LICHTSTUDIO BARTH

Auch eine Institution mitten in der Stadt und schon über 100 Jahre eine wichtige Adresse, wenn es um klassische Leuchten geht. Denn hier findet die traditionsbewusste Besucherin tatsächlich noch Lichtkonzepte, bei denen Gemütlichkeit, Wohnlichkeit und ein eher klassisches Ambiente im Vordergrund stehen. Ganz gleich, ob Stehlampen, Leselampen oder Raumleuchten: Es geht darum, dass man sich wohlfühlt. Das spüren Sie auch bei der freundlichen und kompetenten Beratung.

Gesandtenstraße 9
Mo. – Fr. 9.30 – 18.00 Uhr
Sa. 10.00 – 14.00 Uhr
lichtstudio-barth.de

STAHLWAREN KEIL

Zugegeben, der Name klingt nicht gerade gemütlich. Dabei zählt die über 200 Jahre alte Messerschleiferei direkt am Haidplatz zu den ruhigen Geschäften, die über die Jahre geblieben sind. Hier wird noch das gute alte Schleifhandwerk praktiziert: Von Reparaturen aller Arten über Schleifarbeiten im Solinger Stil bis hin zu Blaupließten (manuelles Feinschleifen) bietet der Familienbetrieb traditionelle Handarbeit. Außerdem warten hochwertige japanische Messer auf echte Köche und solche, die es werden wollen. Wie wäre es mit einem richtig scharfen Geschenk?

Haidplatz 8 | Mo. – Fr. 9.00 – 18.00 Uhr
Sa. 9.00 – 13.30 Uhr | stahlwaren-keil.de

Lichtstudio Barth in der Gesandtenstraße

AUCH EINEN BESUCH WERT

Juwelier Kappelmeier, einer der großen traditionellen Juweliere der Stadt direkt am Neupfarrplatz, wo Sie unbedingt nach klassischen Uhren und Colliers schauen sollten; *Schuh Schwaiger* mit einer exquisiten Auswahl an hochwertigen Markenschuhen, ebenfalls am Neupfarrplatz, sowie die *City Parfümerie* in der Schwarze-Bären-Straße 7, die wunderschön eingerichtet ist und Make-up-Beratung von ausgebildeten Visagistinnen bietet.

HUTKÖNIG

Der *Hutkönig,* Regensburgs Hutmacher am Dom, ist seit über 100 Jahren eine Institution. Das hat wohl auch damit zu tun, dass Inhaber Andreas Nuslan sowohl den Hutmachermeistertitel als auch den Modistenmeistertitel trägt – als Einziger in Europa! Die Hüte werden in der eigenen Manufaktur althandwerklich hergestellt, was man sieht und fühlt. Der Familienbetrieb kennt den Bedarf seiner hutbegeisterten Kunden ganz genau und bietet daher eine ausgewogene Mischung aus traditionellen Klassikern und modischen Kreationen an. Allein das Aufsetzen macht viel Spaß – und wer weiß, vielleicht probiert am Nachbarspiegel gerade ein VIP den perfekten Hut auf. Die schauen nämlich auch gerne hier vorbei.

Krauterermarkt 1 | Mo. – Fr. 10.00 – 18.00 Uhr
Sa. 10.00 – 16.00 Uhr | hutkoenig.de

Essen & Trinken

Genuss mit Tradition

BRAUEREIGASTSTÄTTE KNEITINGER

Der *Kneitinger am Arnulfsplatz* ist Kult, keine Frage. Nicht nur an Wochenenden ist es hier bis auf die Straße hinaus brechend voll. Auch die Regensburger/-innen nehmen hier gerne bayerische Schmankerl und das Bier aus eigener Brauerei zu sich – besonders den Bock. Die Stimmung ist immer entsprechend feucht-fröhlich, das Essen herzhaft und das Gesamtpaket (auch sprachlich!) ein Erlebnis für Neulinge! Hier treffen sich wirklich alle: Studenten, Rentner, Unternehmer, Künstler, Urbayern und Touristen, Schüler und Großfamilien. Ein Muss für Regensburg-Besucher, die gelebte Traditionen lieben!

Am Arnulfsplatz 3
Tägl. 9.30 – 24.00 Uhr | kneitinger.de

HOFBRÄUHAUS

Es liegt nicht umsonst gegenüber dem Alten Rathaus, denn es gehört zu Regensburg wie die Geschichte als Freie Reichsstadt: das *Hofbräuhaus* mit dem gleichnamigen Bier und einer traditionell bayerischen Küche. Das wussten die Stadtoberen seit jeher zu schätzen – und heute tun es Stammgäste und Touristen aller Altersstufen. Die Wirtsleute der Familie Schafberger mischen sich gerne unter sie und sind für ihre Gastfreundschaft und witzigen Sprüche bekannt. Wer Regensburg erleben möchte, muss hier einmal gegessen sein!

Waaggässchen 1 | So. – Mi. 9.00 – 24.00 Uhr
Do. – Sa. 9.00 – 0.30 Uhr
Mai – Sept. So. geschlossen
hofbraeuhaus-regensburg.de

DAMPFNUDEL-ULI

Ein echtes Regensburger Original, das man erlebt haben muss. Zu essen gibt's hier Dampfnudeln, was sonst, aber auch Deftiges steht auf der Tageskarte. Das Traditionslokal im Baumburgerturm ist ein Geheimtipp mit besonderem Ambiente – und viel Platz ist auch nicht da. Macht aber nichts, hier wartet man gerne auf Deutschlands beste Dampfnudeln, zumal man tatsächlich mit allen ins Gespräch kommt. Worüber? Im Zweifelsfall über die ungewöhnlichen Öffnungszeiten und das hervorragende Essen natürlich!

Am Watmarkt 4
Mo., Mi. – Fr. 10.01 – 17.01 Uhr
Sa. 10.01 – 15.01 Uhr | dampfnudel-uli.de

CAFÉ GOLDENES KREUZ

Genau hier soll Kaiser Karl V. im Jahr 1546 die Regensburgerin Barbara Blomberg kennen und lieben gelernt haben. Aus der Liaison ist immerhin der Held Don Juan de Austria hervorgegangen. Das Gebäude erzählt noch von seiner Geschichte, man sollte also unbedingt einen Spaziergang durchs Haus mit einplanen. Kaffee und Kuchen dabei aber nicht vergessen, denn hier trifft sich Regensburg mit Zeit und Muße! Unser Tipp: Besonders schön ist es im Sommer, wenn man auf dem Haidplatz sitzen kann!

Haidplatz 7 | Mo. – Fr. 7.00 – 19.00 Uhr
Sa. 7.30 – 19.00 Uhr | So. 9.00 – 19.00 Uhr
hotel-goldeneskreuz.de

WURSTKUCHL

Die Historische *Wurstkuchl* am Donaustrudel direkt an der Steinernen Brücke steht dort vermutlich seit über 500 Jahren. Einst versorgte die alte Garküche Steinmetze und Hafenarbeiter mit hausgemachten Würstln, Senf und Kraut, heute vor allem Touristen. Das Gebäude ist sehenswert und die Würstl sind richtig gut, weswegen auch die Regensburger gerne hier vorbeischauen. Da man als Besucher irgendwann ohnehin über die Brücke läuft, spricht nichts gegen einen kurzen Imbiss, finden wir!

Thundorferstraße 3
Tägl. 8.00 – 19.00 Uhr
wurstkuchl.de

BISCHOFSHOF

Wo seit Jahren das *Who is who* der Kirche speist, muss das Essen kontinuierlich gut sein. Im Bischofshof am Dom geht diese Rechnung auf: Seit Jahrzehnten wird in den verschiedenen Traditionssälen gute Hausmannskost zum eigenen Bier serviert – regional, der jeweiligen Jahreszeit entsprechend und in hoher Qualität. Besonders schön: der große Biergarten im Hof mit Blick auf den Dom und die historischen bischöflichen Gebäude. Unser Tipp: ein Weißwurstfrühstück an einem sonnigen Sommermorgen an der frischen Luft.

Krautermarkt 3
hotel-bischofshof.de

AUERBRÄU

Ein Wirtshaus mit Kultstatus, eindeutig! Bis ins 13. Jahrhundert reicht die Tradition des liebevoll restaurierten Gasthauses zurück, wovon die holzgetäfelten Wände, der alte Dielenboden und der gemütliche Ofen heute noch erzählen. Vor allem zur Bockbierzeit im Herbst geht es hier rund – meist bei zünftiger Blasmusik und ohne einen einzigen freien Platz mehr. Im Sommer lädt übrigens ein idyllischer Biergarten unter Bäumen dazu ein, Schweinsbraten mit Reiberknödel und Sauerkraut oder andere regionale Köstlichkeiten zu genießen.

Schwandorfer Straße 39
Mo. – So. 11.00 – 0.30 Uhr

Bewusst & Gesund

Wer Traditionen pflegt, kauft regional auf den Bauernmärkten ein – das ist in Regensburg üblich. Besonders schön im Stadtgebiet sind der *Bauern- und Katharinenmarkt* in Stadtamhof und die *Wochenmärkte* am Bismarckplatz und auf dem Alten Kornmarkt. Eine Übersicht zu allen Wochenmärkten findet man auf der Website der Stadt Regensburg *(regensburg.de).* Auf zwei typische Regensburger Produkte möchten wir an dieser Stelle aber unbedingt hinweisen, da sie auch über die Stadtgrenzen hinaus bekannt sind.

HÄNDLMAIER SENF

SCHWARZER KIPFERL

Der süße Hausmachersenf von Firmengründerin Johanna Händlmaier ist so etwas wie ein globaler Exportschlager – seit über 100 Jahren wohlgemerkt. Mittlerweile wird der Senf allerdings nicht mehr im großen Kochtopf in der Küche gekocht, sondern in verschiedenen Sorten in einer modernen Produktionsanlage am Stadtrand gefertigt. Das Rezept ist aber immer noch das alte! Glücklicherweise gibt es mittlerweile einen eigenen Händlmaier-Shop in der Altstadt. Hier kann man in aller Ruhe probieren oder praktische Geschenke-Sets für Freunde und Verwandte kaufen. Das kommt garantiert gut an.

Hinter der Grieb 2
Mo. – Sa. 10.00 – 18.00 Uhr

Schwarz ist dieses ganz besondere Brötchen nicht, der Name stammt von seinem Erfinder Josef Schwarz, der das gleichnamige Traditionsbackhaus 1895 gründete. Die Backstube befindet sich heute im frühgotischen Albrecht-Altdorfer-Haus und die Kipferl schmecken immer noch so gut wie früher! Sie werden nach wie vor handgemacht, sehen stets anders aus und haben Charakter. Am schönsten ist der erste Biss in die goldbraune Kruste – für viele Regensburger ein zwingender Bestandteil des täglichen Frühstücks. Unbedingt auch probieren!

Obere Bachgasse 7
Mo. – Fr. 6.00 – 18.00 Uhr | Sa. 5.30 – 14.00 Uhr
schwarzer-kipferl.de

Die Historische Wurstkuchl an der Steinernen Brücke

Regensburg ist meine Stadt:
nicht zu groß, nicht zu
klein, genau richtig. Wir achten
auf Traditionen und
pflegen sie, das finde ich schön.
Hier lebe ich seit meinem
ersten Atemzug – und
hoffentlich bis zum letzten.

———

GERTI SCHAFBAUER
LEGENDÄRE WIRTIN IM HOFBRÄUHAUS

Kultur & Design

KONZERTE IN DER ALTEN KAPELLE

Hörgenuss der besonderen Art bietet die *Basilika Unsere Liebe Frau zur Alten Kapelle,* von den Regensburgern schlicht Alte Kapelle genannt. Hier finden nämlich regelmäßig kirchenmusikalische Konzerte an der Papst-Benedikt-Orgel statt, die dank der hervorragenden Akustik stets für ein volles Gotteshaus sorgt. Auch sonst ist die Basilika mit ihrer über 1 000 Jahre alten Geschichte und der liebevoll restaurierten Innenausstattung des Barockkünstlers Simon Sorg einen ausführlichen Besuch wert.

Schwarze-Bären-Straße 7
Konzertprogramm & Historie:
alte-kapelle.de

Die Alte Kapelle

REGENSBURGER DOMSPATZEN

Der weltberühmte Knabenchor gehört einfach zur Stadt, nicht nur an kirchlichen Feiertagen. Die Schüler des gleichnamigen Gymnasiums erhalten vom ersten Schultag an eine solide musische Ausbildung und verzaubern die Menschen mit ihren unglaublichen Stimmen. Sonntags kann man sie stets um 10.00 Uhr beim feierlichen Kapitelamt im Dom hören; außerdem geben sie regelmäßig Konzerte.

Termine & Tourneen:
regensburger-domspatzen.de

STADTMAUS-FÜHRUNGEN

Wir haben es in der Einleitung für die traditionsbewusste Besucherin der Stadt bereits erwähnt: Am schönsten ist es, die alten Gemäuer, die historischen Highlights und die Geschichten, die sich häufig dahinter verbergen, in einer Themenstadtführung zu erleben. Es geht um Handel und Betrug, um Mord und Liebe, um Krieg und Frieden, um Kirchenbau, Kunst und die hohe Politik. Besonders spannend aufbereitet und mit Schauspielern in Szene gesetzt gelingt das dem Team der *Stadtmaus*.

Thundorferstraße 1
Mo. – Fr. 09.00 – 17.00 Uhr
Sa. 10.00 – 13.00 Uhr
Informationen: stadtmaus.de

REGINA KINO

Etwas näher am Puls der Zeit, aber dennoch liebenswert altmodisch ist das *Regina Kino* mit dem Charme der fünfziger Jahre. Es wurde direkt nach dem Zweiten Weltkrieg als Lichtspielhaus eröffnet und hat glücklicherweise auch die Konkurrenz durch Kinoriesen überstanden. Das dürfte nicht zuletzt an der exquisiten Filmauswahl des Programmkinos liegen – eine kulturell anspruchsvolle und wunderschöne Alternative zum Stadtbummel, wenn es regnet oder Ihnen einfach danach ist.

Holzgartenstraße 22
Kinoprogramm: reginakino.de

BAUERNTHEATER HUBERTUSHÖHE

Seit über 90 Jahren unterhält dieses private Volkstheater die Regensburger mit deftigen Schwänken und Komödien. Echt bayerisch geht es hier zu! Das ständig wechselnde Programm ist allerdings nur etwas für Menschen, die den Dialekt auch verstehen, denn Hochdeutsch spricht hier wirklich niemand. Da diese Form der Volksbelustigung jedoch eine liebenswerte Tradition ist, empfehlen wir den Besuch trotzdem!

Wilhelm-Raabe-Straße 1
Spielplan: regensburger-bauerntheater.de

MUSEUM DER BAYERISCHEN GESCHICHTE

Zugegeben: Wenn dieser Stadtführer erscheint, befindet es sich noch im Rohbau. Es sei trotzdem schon einmal darauf hingewiesen! Denn direkt am Donauufer wird in Zukunft ein Hotspot für Bayern-Liebhaber liegen. Das Museum zeigt vor allem Stücke aus privaten Sammlungen, die das Leben in Bayern illustrieren. Und mit dem Standort honoriert man die Tatsache, dass Regensburg die erste Hauptstadt Bayerns war.

Informationen:
hdbg.eu/museum

Freizeit & Beauty

Es liegt in der Natur der Sache, dass die traditionsbewusste Frau auch in ihrer Freizeit Orte und Erlebnisse mag, die diesem Anspruch genügen. Wir haben uns deswegen dazu entschieden, beliebte und wirklich erlebenswerte Ziele im Stadtgebiet und in der Region auszuwählen, die meistens auf gutes Essen, Biergarten-Feeling oder ein ganz besonderes Ambiente hinauslaufen. Aber Genuss soll ja auch schön machen!

BACH AN DER DONAU

Der alte Weinbauort vor den Toren der Stadt geht in seiner für die Region ungewöhnlichen Tradition auf die Römer zurück. Heute erinnert das Baierweinmuseum an alte Zeiten. Wer den eigenwilligen Wein probieren möchte, kehrt einfach in eine der urigen Weinstuben ein. Besonders zur Federweißerzeit macht das gute Laune! Alle anderen genießen den Spaziergang durch den hübschen Ort. Hin kommt man am besten mit dem Fahrrad auf dem Donauradweg oder per Schiff ab Regensburg.

Informationen:
schifffahrt-klinger.de
donauschifffart.de

HAMMERMÜHLE

Kennen Sie die Oberpfälzer Toskana? Wenn nicht, dann sollten Sie einen Ausflug zur *Hammermühle* in Hohenburg machen. Sie liegt am Lauterachtal-Radweg und bietet Bio-Spezialitäten aus Eigenanbau im *Landfrauencafé;* außerdem lockt ein kleiner Bio-Laden. Traumhaft ist der umgebaute Stall, zauberhaft die vier kleinen Zimmer zum Übernachten. Nicht umsonst hat das Konzept beim Fernsehformat *Landfrauenküche* den ersten Preis gemacht. Ideal für eine E-Bike-Tour ab Regensburg.

Hammermühlstraße 32
92277 Hohenburg
cafe-hammermuehle-bio.de

PRÖSSLBRÄU ADLERSBERG

Auf dem Gelände eines ehemaligen Dominikanerinnenklosters befindet sich heute eine kleine Brauerei, ein alteingesessenes Gasthaus, ein wunderschöner Biergarten – und an Palmsonntag halb Regensburg! Das beliebte Ausflugsziel außerhalb der Stadt wird einmal im Jahr zum Hotspot der gesamten Region, wenn es den Palmator Doppelbock gibt. Man trägt dann Tracht, das versteht sich von selbst. An allen anderen Tagen trifft man sich zu solider Hausmannskost.

Dominikanerinnenstraße 2 – 3
93186 Pettendorf
Di. – So. 8.00 – 24.00 Uhr | adlersberg.com

SCHLOSSBRAUEREI EICHHOFEN

Das Bier zählt zu den besten in der Region, gebraut wird mit eigenem Quellwasser und Hopfen aus kontrolliertem Anbau in offenen Bottichen nach altbayerischer Art. Allein das ist einen Besuch mit Brauereiführung wert, doch es gibt viel mehr zu entdecken: die gute Küche zum Beispiel, die zauberhafte Lage der Schlossbrauerei – und das Kulturprogramm, das Inhaber Michel-Andreas Schönharting seinen Gästen regelmäßig bietet. Es reicht von klassischen Matineen über Konzerte bis hin zu Ausstellungen in der alten Mühle und nicht zu vergessen das jährliche Brauereifest. Unbedingt einmal hinfahren oder -radeln!

Von-Rosenbusch-Straße 8
93152 Eichhofen
eichhofener.de

GASTHOF ZUM GOLDENEN LÖWEN

Allein der Ort ist buchstäblich malerisch – treffen sich doch in Kallmünz seit jeher Künstler aller Nationen zum Arbeiten und Austausch. Mitten drin befindet sich dieses ganz besondere Gasthaus, das seit mehr als drei Jahrzehnten von Ehepaar Luber geführt wird. Das Essen ist hervorragend, die Wein-, Schnaps- oder Whiskyproben sind legendär – und die Wirtin einfach eine Schau. Alles ist etwas anders; wahrscheinlich fühlen sich deshalb gerade Künstler besonders wohl bei den Lubers. Die dürfen hier schon einmal einen Monat umsonst wohnen. Alle anderen kommen gerne zum Essen in die gemütlichen Stuben oder im Sommer in den malerischen Innenhof. Mit Recht, finden wir.

Alte Regensburger Straße 18
93183 Kallmünz | Mi. – Sa. ab 18.00 Uhr
So. 11.30 – 14.00 Uhr | luber-kallmuenz.de

WALBA

Die *Walba* ist eine perfekte Einkehr beim Wandern oder Radeln entlang der Donau. Jeder kennt sie, jeder kehrt hier ein, sie gehört irgendwie dazu. Glücklicherweise ist das Gasthaus praktisch immer geöffnet, nur montags nicht. Gekocht wird Regionales von Erzeugern aus dem Umland, die Speisekarte wechselt täglich. Probieren Sie unbedingt die Spezialität des Hauses: *Oberpfälzer Bœuf à la mode!*

Unterirading 1 | 93080 Pentling
Di. – So. ab 10.00 Uhr | walba.de

Schlossbrauerei Eichhofen

AUCH EINEN BESUCH WERT

Na klar, die Regensburger Mai- oder Herbstdult. In den Zelten wird kräftig gefeiert – und auf der Warendult kauft man seinen Hausstand zusammen. Wer's mag, hat hier mächtig Spaß! Einer der schönsten Biergärten der Region wartet in Oberndorf bei Bad Abbach: Die Brauerei Berghammer bietet richtig gutes Bier und leckere Brotzeiten (brauereiberghammer.de). Wer lieber im Stadtgebiet bleiben möchte, entspannt einfach im Spitalgarten, dem ehemaligen Ausflugsziel der Reichstagsgesandten und reichen Patrizierfamilien auf der anderen Donauseite (spitalgarten.de).

Nachtleben

Wer Traditionen liebt, verbringt in Regensburg die langen Abende am besten in einem der vielen historischen Gasthäuser oder in einer Weinstube. Gemeinsam essen, trinken, reden und lachen – das ist es, was schöne Abende ausmacht. Legendär sind feucht-fröhliche Runden im *Kneitinger, Auerbräu* oder *Hofbräuhaus;* auch im *Bischofshof* wird in privater Runde gerne lang gefeiert. Meist ist es die Sperrstunde, die das gemütliche Miteinander beendet. Unsere beiden Tipps für die Traditionsbewusste sind übrigens Weinstuben, die jede auf ihre Art ganz besonders ist.

ZUM STEIRER ECK

Steirische und bayerische Spezialitäten werden hier bis spätabends in der gemütlichen Gaststube oder dem lauschigen Innenhof serviert. Ein echtes Highlight sind die Kaiserschmarrn-Varianten und die steirischen Weine, die es in großer Auswahl gibt. Für Frauen besonders angenehm: Man kann auch nur Kleinigkeiten zu sich nehmen. Hier sitzt man gerne länger und trinkt ein Glas mehr!

Ludwigstraße 6
Mo. – Sa. ab 17.00 Uhr
zum-steirer-eck.de

STEIDLEWIRT

Weine direkt vom Winzer, frische Zutaten aus eigenem Anbau, die besten Biere der Region und eine Küche, die sich an den Jahreszeiten orientiert – die Voraussetzungen für einen langen gemütlichen Abend sind hier gut. Wohl auch deshalb ist aus dem gar nicht so leicht zu findenden Geheimtipp einer der Hotspots für anspruchsvolle Genießer traditioneller Küche geworden. Unbedingt reservieren!

Am Ölberg 13
Mo. – So. 11.00 – 14.00 Uhr
und 17.00 – 1.00 Uhr | steidlewirt.de

Hotels

Die Johann-Michael-Sailer-Suite im Hotel Bischofshof

HOTEL BISCHOFSHOF

Keine Frage: Es ist *das* Traditionshaus am Platz: in bester Lage, gut geführt und vor kurzem liebevoll modernisiert worden. Die Zimmer sind urig gemütlich oder modern mit warmer Note; der Service stimmt. Für besondere Gelegenheiten empfehlen wir die beiden traumhaft schönen und ganz neuen Dom-Suiten in elegantem Landhausstil mit tollem Farbkonzept. Bei gutem Wetter frühstückt man im Innenhof mit Domblick, allein das ist atemberaubend.

Krauterermarkt 3 | hotel-bischofshof.de

HOTEL MÜNCHNER HOF

Das charmante Hotel inmitten der engsten Gassen der Stadt verblüfft mit ganz unterschiedlichen Zimmern, die jeweils Geschichten ihrer Epoche erzählen. Inhaberin Kathrin Fuchshuber legt Wert auf das historische Erbe, ohne dabei vor modernen Ideen zurückzuschrecken. Das sieht man besonders deutlich in der Dependance *Blauer Turm* gegenüber, wo richtig coole Ideen perfekt mit spätgotischen Balken und barocken Türstöcken harmonieren. Sehenswert!

Tändlergasse 9 | muenchner-hof. de

113

Tipps A – Z

DIE TRADITIONSBEWUSSTE

Lieblingsorte

Abendstimmung an der Steinernen Brücke

WURSTKUCHL AN SILVESTER

Sechs auf Kraut an Silvester mittags in der Wurstkuchl – das ist ein besonderes Erlebnis. (Mit *sechs* sind die legendären Bratwürste gemeint.) Allerdings sollte man vorab reservieren, da viele Regensburger denselben Gedanken haben! Das historische Stüberl hat nämlich nur 28 Plätze und draußen kann es um diese Jahreszeit zapfig kalt sein.

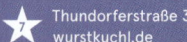
Thundorferstraße 3
wurstkuchl.de

GOTISCHER SAAL HAUS HEUPORT

Auch ein Ort, den man erlebt haben sollte, ist der alte gotische Festsaal im *Haus Heuport.* Von hier aus hat man tatsächlich den schönsten Blick der Stadt auf die Westfassade des Doms. Am besten gleich einen Platz am Fenster reservieren, etwas Gutes von der euro-asiatischen Speisekarte bestellen und den atemberaubenden Ausblick genießen!

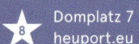
Domplatz 7
heuport.eu

In einer glamourösen Dirndl Kreation wird jede Frau zur strahlenden Prinzessin und Anlässe für ein Dirndl gibt es genug: Hochzeiten, Bälle, private Einladungen, die Dult und natürlich das Münchner Oktoberfest. Das Regensburger Trendlabel Astrid Söll Dirndl Couture spricht mit seinen exklusiven Kleidern den Zeitgeist an - traditionelle Tracht, modern und mondän umgesetzt. Nicht nur zahlreiche Prominente schätzen das Gespür der Designerin für Stil und Mode, sondern auch die regionalen Botschafterinnen bayerischer Produkte. Daher kleidet Astrid Söll regelmäßig die bayerische Weißwurstkönigin ein und stattet die Models für den Kalender der Brauerei Jacob in Bodenwöhr aus. Die Dirndl sind in Regensburg und Umgebung bei der Firma "Wirkes" und "Trachtine" in Schierling erhältlich. Für Maßanfertigungen ist die Designerin gerne persönlich in Ihrem Showroom für Sie da. Bitte vereinbaren Sie einen Termin.

Astrid Söll
DIRNDL COUTURE

ASTRID SÖLL DIRNDL COUTURE
Showroom Mathildenstraße 2
93049 Regensburg
Telefon/Fax: 0941 3 64 62
info@soell-dirndl.de
www.soell-dirndl.de

Die Stilvolle

Sie ist stets perfekt gekleidet, legt Wert auf Klasse statt Masse – und bevorzugt Orte, Restaurants und Menschen, die dieses Credo mit ihr teilen.

IST DAS ALLES ECHT? Bei so viel Mittelalter, farblich aufeinander abgestimmt und wie eine perfekte Kulisse inszeniert, kann diese Frage schon einmal aufkommen! Doch keine Sorge, die wunderschönen Ensembles rund um die Plätze in der Altstadt sind ebenso über die Jahrhunderte gewachsen wie die farbenfrohen Häuserzeilen mit ihren schiefen Wänden und Giebeln. Und was beinahe aussieht wie ein großes Museumsdorf, ist in Wirklichkeit eine lebendige und pulsierende Stadt, die bei allem Geschichtsbewusstsein auch viel Modernes zu bieten hat. Schauen Sie ganz genau hin: Sie werden richtig coole Architektenhäuser entdecken, Geschäfte mit edelsten Designerstücken – und vor allem Menschen, die Stil und Klasse haben! Und es ist alles echt...

KONTRASTE bringen es ans Licht: Alt und Neu können gut miteinander. In Regensburg erkennt man dies in vielen Geschäften in der Altstadt: Denn meist befinden sie sich in mittelalterlichen Gewölben unter gotischen Spitzbögen. Für die Inneneinrichter ist das eine echte Herausforderung, die sie häufig mit Licht, Designermobiliar, Kunstobjekten oder witzigen Ideen meistern. Allein deshalb lohnt es sich, jedes noch so kleine und vermeintlich unscheinbare Schaufenster genauer unter die Lupe zu nehmen – und einzutreten. Unser ganz persönlicher Tipp: Reden Sie mit den Menschen, fragen Sie nach, wenn Sie ein Interieur begeistert! Die häufig schwierige Aufgabe, modernste Ansprüche an Stil und Funktionalität zu erfüllen und dabei den Denkmalschutz zu beachten, führt nämlich dazu, dass fast jeder etwas Interessantes zu erzählen hat.

GANZ SCHÖN STYLISCH. Ist es nicht merkwürdig? Ausgerechnet eine Stadt, die für ihr mittelalterliches Gesamtensemble den Weltkulturerbe-Titel verliehen bekommen hat, ist in Wirklichkeit extrem jung, modern und fortschrittlich! Das liegt zum einen an der Universität, die in vielen Fakultäten Top-Rankings erreicht. Ganz sicher auch eine Rolle spielt die Tatsache, dass die Stadt tendenziell wohlhabend ist. Der entscheidende Grund sind jedoch die Menschen, die hier leben: Sie lieben das Miteinander von old-fashioned und hip, von Gemütlichkeit und coolem Design. Genau diese Welt möchten wir Ihnen zeigen – beim Einkaufen, Essen und Trinken, Ausgehen, Übernachten und bei der Freizeitgestaltung. Lassen Sie sich überraschen!

Einkaufen & Flanieren

Hubert H Woman Innenansicht

HUBERT H WOMAN

Hier findet die stilvolle Frau alles, was ihr anspruchsvolles Modeherz begehrt: globale Brands, aktuelle Trends, exklusive Accessoires, Designer-Labels, Newcomer und vor allem lässige Sportswear. Toll ist auch die Auswahl an Stiefeln und Schuhen! Der Laden ist gut sortiert und schafft es immer wieder, diese einmalige Mischung aus dezent und extravagant hinzubekommen, die einer Frau Klasse verleiht.

Obere Bachgasse 2
Mo. – Fr. 10.00 – 19.00 Uhr
Sa. 10.00 – 18.00 Uhr | hubert-h.de

BROSI

Schuhe in Maßanfertigung sind etwas ganz Besonderes. Und das nicht nur, weil sie genau so aussehen, wie man selbst es möchte, sondern auch perfekt sitzen. Ein echtes Händchen fur diese alte Handwerkskunst hat Karl Brosi in Stadtamhof. Jeder einzelne Schuh, der seine Manufaktur verlässt, ist eine handwerkliche Meisterleistung – und das sieht man. Edler und stilvoller kann man Füße nicht in Szene setzen!

Am Brückenfuß 5 | Mo. – Fr. 8.00 – 13.00 Uhr
und 14.00 – 18.00 Uhr | Sa. 9.00 – 13.30 Uhr
schuh-hand-werk.de

HELMUT HAIDER

Schmuck ist immer ein Statement. Klasse und Stil zeigen sich in einer klaren und tendenziell reduzierten Formensprache. Das muss man können. So wie *Helmut Haider.* Der Goldschmiedemeister steht für Schmuck, der das Understatement kultiviert – unaufdringlich, sehr individuell und niemals laut und grell. Ein Juwel mit Seltenheitswert und in Regensburg mitten in der Stadt.

Am Haidplatz 7 | Mo. – Fr. 10.00 – 18.00 Uhr
schmuck-haider.de

DIE REISETASCHE

Taschen sind in den letzten Jahrzehnten zum heimlichen Statussymbol geworden. Wer dabei auf dezente Klassiker setzt, findet sie hier: exklusive Handtaschen, Geschäfts- und Laptoptaschen und edelstes Reisegepäck modischer Topmarken. Dabei stehen die neusten Kollektionen neben zeitlosen Stücken, die immer passen. Sehr angenehm ist auch die fachkompetente Beratung. Sie brauchen einen zusätzlichen, aber bitte stilvollen Koffer nach der Shoppingtour in Regensburg? Den finden Sie garantiert auch hier.

Posthorngäßchen 6 / Goliathstraße
Mo. – Fr. 10.00 – 18.30 Uhr | Sa. 10.00 – 17.00 Uhr
die-reisetasche.de

SCHREINER

Der Name irritiert ein wenig – geht es hier doch nicht um Holz, sondern um Porzellan, Einrichtung, edelste Haushaltswaren und Lifestyle! Familie Schreiner führt dieses Geschäft seit Generationen und ist für die hochwertigen Silber-Bestecke und feinsten Porzellan-Services ebenso bekannt wie für Leuchter, Vasen, traumhaft schöne Tischwäsche und stilvolle Küchenhelfer. Auf drei Etagen verteilt sich das erlesene Sortiment. Unser Tipp: Zeit nehmen und eintauchen in die farbenfrohe Welt der edlen Tisch- und Genusskultur!

Salzburger Gasse 2
Mo. – Fr. 10.00 – 18.30 Uhr | Sa. 10.00 – 18.00 Uhr
schreiner-regensburg.de

PFANDLEIHE

Das ist der ultimative Geheimtipp für schönen Schmuck und hochwertige Uhren: die *Regensburger Pfandleihe,* deren Tradition bis ins 17. Jahrhundert zurückreicht. Hier findet man ihn zu sehr bezahlbaren Preisen – extrem kompetente Beratung inklusive. Aber auch für kleines Geld kann man in der Pfandleihe großartige Preziosen kaufen und dabei das herrliche Ambiente genießen.

Rote-Hahnen-Gasse 5
Mo. – Fr. 9.00 – 18.00 Uhr | Sa. 10.00 – 17.00 Uhr
regensburger-pfandleihe.de

LA CASITA

Stilvolles von A–Z – besser kann man diesen Shop kaum beschreiben! Angefangen bei witzigen Karten über preisgekrönte Designer-Wecker, edelstes Schreibwerkzeug und ungewöhnliche Wanduhren bis hin zu feinen Kladden, Kalendern, Deko und Papieren finden Sie hier vor allem eins: das perfekte Geschenk! Bei so viel Auswahl braucht man viel Zeit und Muße. Beides sollten Sie sich nehmen.

Neue-Waag-Gasse 1 | Mo. – Sa. 10.00 – 13.00 Uhr
und 14.00 – 18.00 Uhr | la-casita.de

APPAREL

Die Schaufenster sind hübsch dekoriert und vielversprechend: feine Mode und edle Labels kunstvoll in Szene gesetzt. Umso erstaunter werden Sie sein, wenn Sie dieses Geschäft betreten, da es vermutlich nicht Ihren Erwartungen entspricht. Die Kleider hängen lapidar an den Stangen, nur wenig wird gezeigt. Dennoch: Lassen Sie sich nicht abschrecken. Denn hier finden Sie möglicherweise das ultimative Designerteil für Ihren Kleiderschrank.

Hinter der Grieb 13

BLOCHBERGER & WEISS

Designerleuchten von klassischer Moderne bis hin zu neusten Trends erstrahlen hier über zwei Etagen. Das Geschäft ist für außergewöhnliche und individuelle Beleuchtungskonzepte bekannt und bietet selbstverständlich Beratung vor Ort. Wer mag, kann einzelne Leuchten sogar daheim testen, da Licht immer auch etwas mit persönlichem Empfinden zu tun hat. Für alle, die gerade keine neuen Lampen bauchen, empfehlen wir trotzdem einen Besuch: Denn hier sieht man alle aktuellen Trends beieinander, beeindruckend.

Am Römling 14 | Mo. – Sa. 10.00 – 18.00 Uhr
gutes-licht.net

CORVUS WOHNITÄTEN

Es duftet nach Leder! Und nicht nur das: Denn wer Top-Design und kreative Einzelstücke sucht, die abseits von Trends und Mainstream liegen, wird hier fündig: Edle Lederaccessoires für Männer, ungewöhnliche Damenhandtaschen, Küchenzubehör, Servietten, Karten und Einrichtungsgegenstände gehören ebenso zum Repertoire wie Designer-Reminiszenzen an vergangene Zeiten. Dabei entwickelt das Team von *Corvus* auch Eigenprodukte, die es wirklich nur hier in Regensburg gibt.

Goliathstraße 8 | Mo. – Fr. 10.00 – 18.00 Uhr
Sa. 10.00 – 15.00 Uhr | corvus-wohnitaeten.de

Schreiner – alles, was schön ist, auf drei Etagen

AUCH EINEN BESUCH WERT

Wohnaccessoires vom Feinsten und qualitativ hochwertige Möbelstücke bietet *FK Living* in der Rote-Hahnen-Gasse 10. Wer *Lambert & Co* mag, ist hier richtig *(fk-living.de).* Lifestyle-Kosmetik in Bio-Qualität und Bauhaus-Design führt die *Parfümerie Miller* mit dem Label *UND GRETEL* am Neupfarrplatz 16 – superschön *(parfuemerie-miller.de)!* Und wer gerade eine neue Inneneinrichtung plant, findet die modernsten Einrichtungskonzepte bei *Zankl* in der Sedanstraße 18.

Essen & Trinken

Das Teehaus Bachfischer

TEEHAUS BACHFISCHER

Wer glaubt, dass es in einem Teehaus nur Tee gibt, liegt völlig falsch! Zugegeben, die handgemachten Teemischungen sind exquisit und werden aus über 330 Sorten ausgeschenkt und verkauft. Doch das ist längst nicht alles. Denn der bio-zertifizierte Fachhändler hat

die alte Teekultur zur Firmenphiloso-
phie gemacht. Das spürt man sofort,
wenn man den Laden betritt: Es duftet
herrlich, niemand eilt, es ist gemütlich
und still – und der Stress des Alltags fällt
sofort ab. Kleine Wellnesseinheit gefäl-
lig? Dann ist hier der richtige Ort! Und
wer weiß, vielleicht entdecken Sie auch
Ihren ganz persönlichen Lieblings-Tee!

Kapellengasse 6 / Schwarze-Bären-Straße
Mo. – Sa. 9.30 – 18.00 Uhr | Sa. 9.30 – 16.00 Uhr
teehaus-bachfischer.de

KREUTZERS

Es ist *die* Loft-Location im Regensburger Osten! In einer historischen
Lagerhalle, die edel restauriert wurde,
bietet Küchenchef Matthias Kreutzer
frisches Fleisch, Meeresfrüchte und
Fisch vom Grill. Der steht mitten im
Restaurant und verleiht ihm den An-
strich einer noblen Kochwerkstatt.
Unser Tipp: die Garnelenpfanne probieren und danach ein klassisches
Steak. Unbedingt Plätze reservieren!

Prinz-Ludwig-Straße 15a
Mo. – Fr. 11.30 – 14 Uhr und ab 18.00 Uhr
Sa. ab 18.00 Uhr | kreutzers-restaurant.de

GÄNSBAUER

Es gehört vermutlich zu den schönsten Gasthäusern in Regensburg, da es
unglaublich gemütlich ist und dabei
so herrlich verwinkelt und klein. Beim
Gänsbauer wird gepflegte Gastlichkeit
kultiviert – stets wunderschön einge-
deckt und mit gehobener Küche. Das
ideale Ambiente für ein intimes Diner
oder einen Abend mit Freunden, die
ihre Liebe zu gutem Essen und edlen
Weinen mit Ihnen teilen.

Keplerstraße 10
Di. – Sa. ab 18.00 Uhr
gaensbauer.de

VINOTHEK VINOSUS

Es ist Spätnachmittag, die Sonne scheint und Sie sitzen mit der besten Freundin bei einem Glas sommerlichen Rosé und guten Gesprächen zusammen – ist das nicht eine herrliche Vorstellung? Wir haben die passende Location für Sie! In der *Vinothek Vinosus* in Stadtamhof können Sie den Tag stilvoll mit besten Weinen aus allen namhaften europäischen Weinbauregionen ausklingen lassen. Und bei einer Weinverkostung entdecken Sie möglicherweise ganz neue Tropfen für Ihren persönlichen Weinkeller.

Andreasstraße 2 | Mi. – Fr. 15.00 – 19.00 Uhr
Sa. 12.00 – 19.00 Uhr | vinosus.de

AKADEMIESALON IM ANDREASSTADEL

Unser heißer Sommertipp: Genießen Sie authentische italienische Küche direkt am Donauufer! Dazu müssen Sie sich allerdings einen der im Landhausstil gedeckten Tische im Gartenbereich des Ristorante *Akademiesalon* reservieren. Da die Regensburger diese Location lieben, ist das manchmal nicht ganz einfach. Dafür kommen Sie in den Genuss einer einmaligen Atmosphäre, die an mediterrane Landpartien unter alten, schattenspendenden Bäumen erinnert. Ein Traum.

Andreasstraße 26 | Tägl. ab 16.00 Uhr
So. ab 11 Uhr | akademiesalon.de

FRÜHSTÜCK IM GOLIATH

Fein gedeckte Tische mit silbernen Etageren und edlem Porzellan, ein exquisites Farbkonzept bei Interieur und Deko, dazu Designerlampen und eine phantastische Auswahl – all das bietet das *Hotel Goliath,* wo man auch als nicht übernachtender Gast ganz wunderbar frühstücken kann. Nicht umsonst treffen sich hier vor allem Damenrunden regelmäßig, um stilvoll in den Tag zu starten. Denn hier passt wirklich alles: Qualität, Ambiente und der wunderbare Service. Chapeau!

Goliathstraße 10 | Frühstück tägl. ab 7.00 Uhr
den ganzen Tag | hotel-goliath.de

Stilvoll den Morgen genießen im Goliath

Warum ich diese Stadt so liebe?
Weil die Wege kurz und die Möglich-
keiten groß sind! Sie gibt uns Frei-
heiten, Dinge auszuprobieren.
Meine drei Lieblingsbrücken haben
wundervolle Stimmungen und
Stadtansichten. Am schönsten aber
ist, dass sie Menschen zum
Bleiben anregt, die spannend und
interessant und liebenswert sind.

CHRISTINE KINDERMANN
SPEZIALISTIN FÜR SCHÖNE DINGE
PAPIERSACHEN »SCHAU HI«

Bewusst & Gesund

LUDWIG 3

Mode, Wellness & Lifestyle, und das alles unter dem Motto *Green Shopping,* können Sie in diesem Concept Store eindrucksvoll erleben (und erwerben). Dahinter steht die Idee, Mode, Accessoires, Naturkosmetik, Bücher, Feinkost und Geschenkideen anzubieten, deren gemeinsamer Nenner das Bewusstsein für Ökologie, Fair Trade und Nachhaltigkeit ist. Dass dies ausgesprochen stylisch und modern funktioniert, beweist schon die Inneneinrichtung. Die Atmosphäre ist entspannt und lädt zum Verweilen ein. Unser Geheimtipp: Unbedingt die coolen Jeans anprobieren – lohnt sich!

Ludwigstraße 3 | Mo. – Fr. 10.00 – 18.30 Uhr
Sa. 10.00 – 18.00 Uhr | ludwig3.de

MARKTHALLE

Sie genießen nicht nur gerne gehobene Küche und edle Weine, sondern lieben es auch, in ansprechendem Ambiente Bioprodukte oder regionale Spezialitäten einzukaufen? Dann sind Sie in der Markthalle eindeutig an der richtigen Adresse! Frisches und Feines aus der Region gibt es hier ebenso wie mediterranen Mittagstisch in *Paul's Boutique,* gesunde Snacks, Sushi oder eine Weinbar. Samstags hat sich diese Location bereits zum inoffiziellen Treffpunkt der Stadt etabliert – einkaufen mit Mehrwert sozusagen. Das Wochenende kann also kommen! Die Geschäfte und Stände sind während der üblichen Ladenöffnungszeiten geöffnet, Paul's Boutique deutlich länger.

Dr.-Martin-Luther-Straße 2 | Markthalle: Mo. – Sa. 7.00 – 20.00 Uhr
Paul's Boutique: Mo. – Sa. 8.00 – 1.00 Uhr
markthalle-regensburg.de

Kultur & Design

JAZZWEEKEND

Mehr als 100 Konzerte auf unterschiedlichen Bühnen, die in Höfen und auf Plätzen in der malerischen Altstadt verteilt sind – das ist das besondere Flair des Regensburger *Jazzweekends.* Von weit her kommen die Freunde der gepflegten Session, des Free Jazz und klassischer Arrangements für drei Tage an der Donau zusammen, um gemeinsam ihrer Leidenschaft zu frönen. Das macht nicht nur Spaß, sondern hat Klasse!

bayernjazz.de

TAGE ALTER MUSIK REGENSBURG

Es ist das älteste deutsche Festival für *Alte Musik* und zählt gleichzeitig zu den renommiertesten dieser Art. Mit historischen Instrumenten und entsprechender Aufführungspraxis steht es in einer Tradition mit Utrecht, Barcelona, Boston und Ambronay/ Lyon – und findet in Regensburg einen würdigen Rahmen. Von Mittelalter bis Romantik kann man Konzerte in fast allen Kirchen und Festsälen der Stadt erleben. Für Klassik-Fans ein Pflichttermin!

tagealtermusik-regensburg.de

SCHLOSSFESTSPIELE

Sie sind an Stil und einem ganz besonderen Lebensgefühl nicht zu überbieten – vor allem in lauen Sommernächten, wenn Opernstars wie Jonas Kaufmann, Elina Garanca, Rolando Villazón, Placido Domingo, Edita Gruberová, Klaus Florian Vogt oder José Carreras auf der Bühne im Innenhof des Thurn und Taxis Schlosses stehen. Am besten gleich ein Mehrgangmenü und den Drink für die Pause mitbuchen – und das Gesamtpaket stimmt!

Emmeramsplatz 5
schlossfestspiele-regensburg.de

Impression vom Jazzweekend

DEGGINGER

In einem alten gotischen Haus in der Wahlenstraße zeigt Regensburg seit neustem, was die Kultur- und Kreativwirtschaft der Stadt zu bieten hat: Im *Degginger* finden wechselnd Ausstellungen, Konzerte, Lesungen oder Events statt, dazu zeigen Pop-up-Stores Designerstücke – und die integrierte *Café- und Bar-Kultur* demonstriert eindrucksvoll, wie jung und hip die mittelalterliche Stadt in Wirklichkeit ist. Die Gastronomie hat täglich geöffnet; das Programm wechselt. Ein Blick auf die Website lohnt sich in jedem Fall vorab.

Wahlenstraße 17
facebook.com/degginger-regensburg

ET SEDIA

Licht, Farbe und Ordnung sind die entscheidenden Themen, die bei *et sedia* zum Maß aller Einrichtungsfragen werden. Warum wir das Geschäft in diese Rubrik stellen? Weil es mit der lösungsorientierten und klaren Möbelauswahl einzigartig ist. Form follows Function – hier wird dieser Leitspruch der Bauhaus-Künstler tatsächlich erlebbar. Unbedingt anschauen und mit den Augen genießen!

Kreuzgasse 1 | Mo. – Fr. 10.00 – 18.30 Uhr
Sa. 10.00 – 14.00 Uhr | etsedia.de

AUCH EINEN BESUCH WERT

Rund um Regensburg gibt es zahlreiche Schlösser, die sich dem stilvollen Kulturgenuss widmen. Besonders schön sind die Veranstaltungen im *Schloss Alteglofsheim (musikakademie.bayern)*, die musikalischen Dinners auf *Schloss Höfling (hoefling-regensburg.de)* und der Weihnachtsmarkt auf *Schloss Guteneck (schloss-guteneck.de)*.

Freizeit & Beauty

Es ist nicht leicht, die hohen Ansprüche stilbewusster Frauen zu erfüllen – vor allem wenn es um die Freizeitgestaltung geht. Lärmende Events sind ihnen ein Gräuel, und am liebsten verbringen sie kultivierte Stunden im Kreise interessanter Menschen und Freunde. Daher haben wir uns an dieser Stelle unter anderem für zwei *Outdoor-Ideen* entschieden, die es genau diesen Frauen ermöglichen, eigene Vorstellungen mit einem atemberaubenden Ambiente zu verbinden.

CHAMPAGNER-FRÜHSTÜCK IM DÖRNBERGPARK

Das brauchen Sie: edle Gläser und natürlich ein paar Flaschen Champagner, dazu Kaviar, Meeresfrüchte oder andere Spezialitäten, die Sie gerne mögen, eine große Picknickdecke, feine Stoffservietten, einen Sektkühler, Eiswürfel und nette Menschen! Den perfekten Ort dafür finden Sie im Sommer auf einer der vielen Wiesen im englischen Garten des *Dörnbergparks.* Das Leben kann so schön sein!

SONNENUNTERGANG AN DER WALHALLA

Erleben Sie diesen magischen Ort an einem Sommerabend! Ganz gleich, ob Sie mit Rotwein und Käse einen Platz auf der Wiese zu Füßen des Monuments suchen oder einfach auf den hohen Stufen zur Donau hinunter sitzen: Der Blick ist unfassbar schön! Klar, das hat sich herumgesprochen und Sie sind hier mit Sicherheit nicht allein. Doch das Spektakel der untergehenden Sonne über der weit sichtbaren Donaulandschaft ist es unbedingt wert!

Walhallastraße 48 | 93093 Donaustauf

SENSEASON

Kopf- und Handmassagen mit wohltuenden Aromen, Pflegeprodukte auf rein pflanzlicher Basis, eine angenehme und ruhige Atmosphäre und Menschen, die nichts anderes tun, als uns schön zu machen und zu verwöhnen – ein unwirklicher Traum? Nein, im Gegenteil: Friseurmeister und Visagist Thomas Eusemann realisiert dieses Wohlfühlszenario täglich mit seinem Team mitten in der Altstadt. Das besondere Detail: Die supermoderne Einrichtung in richtig alten Gemäuern zeigt einmal mehr, was Regensburg ausmacht. Unser Tipp: Einfach neu stylen lassen und dabei tiefenentspannen!

Untere Bachgasse 1
Mo. – Fr. 9.00 – 20.00 Uhr | Sa. 9.00 – 16.00 Uhr
senseason.de

FÜRSTLICHER GOLFPLATZ

Der gepflegte 18-Lochplatz inmitten einer englischen Parklandschaft liegt am ehemaligen Jagdschloss Thiergarten der Fürsten von Thurn und Taxis, das auch das Clubhaus ist. Er gehört mit seiner reizvollen Lage oberhalb der Donau zu den schönsten Plätzen Deutschlands. Wer mag, kann hier stilvoll entspannen (auch die Gastronomie ist top!) oder mit Gleichgesinnten die sportliche Herausforderung suchen.

Thiergartenstraße | 93093 Donaustauf
Golf- und Land-Club Regensburg e. V.
Jagdschloss Thiergarten | golfclub-regensburg.de

Die Walhalla thront imposant
über der Donauebene

Nachtleben

UPPER 21

Ganz bewusst wendet sich dieser Nachtclub an ein Publikum über 21 Jahre und pflegt allein dadurch einen deutlich gehobeneren Stil. Die Bar liegt günstig direkt am Dom und hat sich das Thema *Urbanität* auf die Fahnen geschrieben. Cool, lässig und eine richtig gute Adresse für Nachtschwärmerinnen!

Domplatz 3 | Do.–Sa. 21.00–2.00 Uhr
upper.bar.de

GOLIATH-BAR

Man kann hier nicht nur gut frühstücken, sondern auch gepflegt den Tag ausklingen lassen. Denn die Bar ist abends lange geöffnet, dem Hotel sei Dank. Ob mit Champagner, Aperitifs oder Cocktails – es ist einfach eine rundum angenehme Location mitten in der Stadt!

Goliathstraße 10 | hotel-goliath.de

Die Goliath-Bar in abendlicher Stimmung

Hotels

SORAT INSEL-HOTEL

Das Hotel mit dem schönsten Blick auf die Stadt liegt auf der anderen Seite der Donau auf einer kleinen Insel. Das Postkartenpanorama mit Dom, mittelalterlicher Häuserfront und der Steinernen Brücke bucht man hier automatisch mit – allein das ist ein Grund, einzukehren! Eingerichtet im Art-Déco-Stil ist es ein Hotspot für alle, die einerseits Ruhe, perfekten Service und First Class wünschen, andererseits nicht auf eine zentrale Lage verzichten wollen. Denn man ist tatsächlich in wenigen Schritten wieder mitten drin im Regensburger Welterbe-Trubel.

Müllerstraße 7 | sorat-hotels.com

Hotel David

ROTER HAHN

Den Gasthof *Zum Roten Hahn* gibt es tatsächlich schon seit mehr als 800 Jahren, was sich in der frühgotischen Fassade des alten Gebäudes widerspiegelt. Heute finden anspruchsvolle Gäste hier komfortable und gemütlich eingerichtete Zimmer mit einem entscheidenden Vorteil: Die moderne Herberge hinter alten Mauern liegt mitten in der Altstadt. Übrigens kann man hier auch sehr gut essen!

Rote-Hahnen-Gasse 10 | roter-hahn.com

HOTEL GOLIATH UND HOTEL DAVID

Hier steigen prominente und anspruchsvolle Gäste gerne ab. Die Gründe? Super Service, wunderschöne Zimmer, herausragende Innenarchitektur und Luxus pur. Seit kurzem gibt es eine Dependance wenige Meter entfernt direkt an der Donau, in einem liebevoll sanierten mittelalterlichen Anwesen: das *David*. Beide Häuser werden von Stephanie und Peter Birnthaler geführt. Sehenswert!

Goliathstraße 10 | hotel-goliath.de

Tipps A – Z

A

Akademiesalon im Andreasstadel
Restaurant | Andreasstraße 26 | Seite 129

Apparel *Boutique*
Hinter der Grieb 13 | Seite 124

B

Brosi *Geschäft*
Am Brückenfuß 5 | Seite 123

Blochberger & Weiß *Geschäft*
Am Römling 14 | Seite 125

C

Corvus Wohnitäten *Geschäft*
Goliathstraße 8 | Seite 125

D

Die Reisetasche *Geschäft*
Posthorngäßchen 6 | Seite 123

Degginger *Kultur / Café / Bar*
Wahlenstraße 17 | Seite 134

E

et sedia *Geschäft*
Kreuzgasse 1 | Seite 134

F

Fürstlicher Golfplatz
Thiergartenstraße
93093 Donaustauf | Seite 137

FK Living *Geschäft*
Rote-Hahnen-Gasse 10 | Seite 126

G

Gänsbauer *Restaurant*
Keplerstraße 10 | Seite 128

Goliath-Bar
Goliathstraße 10 | Seite 138

H

Helmut Haider *Goldschmied*
Am Haidplatz 7 | Seite 123

Hubert H Woman *Boutique*
Obere Bachgasse 2 | Seite 122

Hotel Goliath und Hotel David
Goliathstraße 10 | Seite 129 / 139

K

Kreutzers *Restaurant*
Prinz-Ludwig-Straße 15a | Seite 128

L

La Casita *Geschäft*
Neue-Waag-Gasse 1 | Seite 124

DIE STILVOLLE

Lieblingsorte

Die Dachterrasse vom Storstad

SCHAU HI

Wer den ungewöhnlichen Laden zum
ersten Mal betritt, ist sofort verzaubert. Denn hier ist wirklich alles schön!
Edelste Fotoalben und Kalender stehen neben Diarien für besondere Anlässe und passendem Schreibwerkzeug. Dann die vielen Briefpapiere und
Karten – ein Traum für Liebhaber von
Liebesbriefen und gepflegter Korres-
pondenz. Besonders beeindruckend:
die phantasievollen Geschenkpapiere
an der Wand. Jeder Bogen ist ein kleines Kunstwerk. Hier brauchen Sie vor
allem eins: Zeit. Die sollten Sie sich
nehmen!

Obere Bachgasse 19
Mo. – Fr. 10.00 – 18.00 Uhr
Sa. 10.00 – 16.00 Uhr | schauhi.de

DACHTERRASSE STORSTAD

Wir geben es gerne zu: Das ist einer
unserer Lieblingsorte in Regensburg.
Denn ganz gleich, ob man hier im
Winter Austern schlürft, an Silvester
das Feuerwerk über der Stadt bewundert oder in lauen Sommernächten
entspannt Cocktails zu sich nimmt
und den Blick in den Nachthimmel
schweifen lässt – es ist traumhaft
schön hier oben! Das edle Lounge-
Mobiliar und die üppige Bepflanzung
sorgen für entspannte Wohlfühlatmosphäre, und das durchaus gemischte
Publikum weiß den einmaligen Stil
zu schätzen. Wir auch!

Watmarkt 5
Loungeterrasse: 12.00 – 22.00 Uhr
Bar: 18.00 – 1.00 Uhr | storstad.de

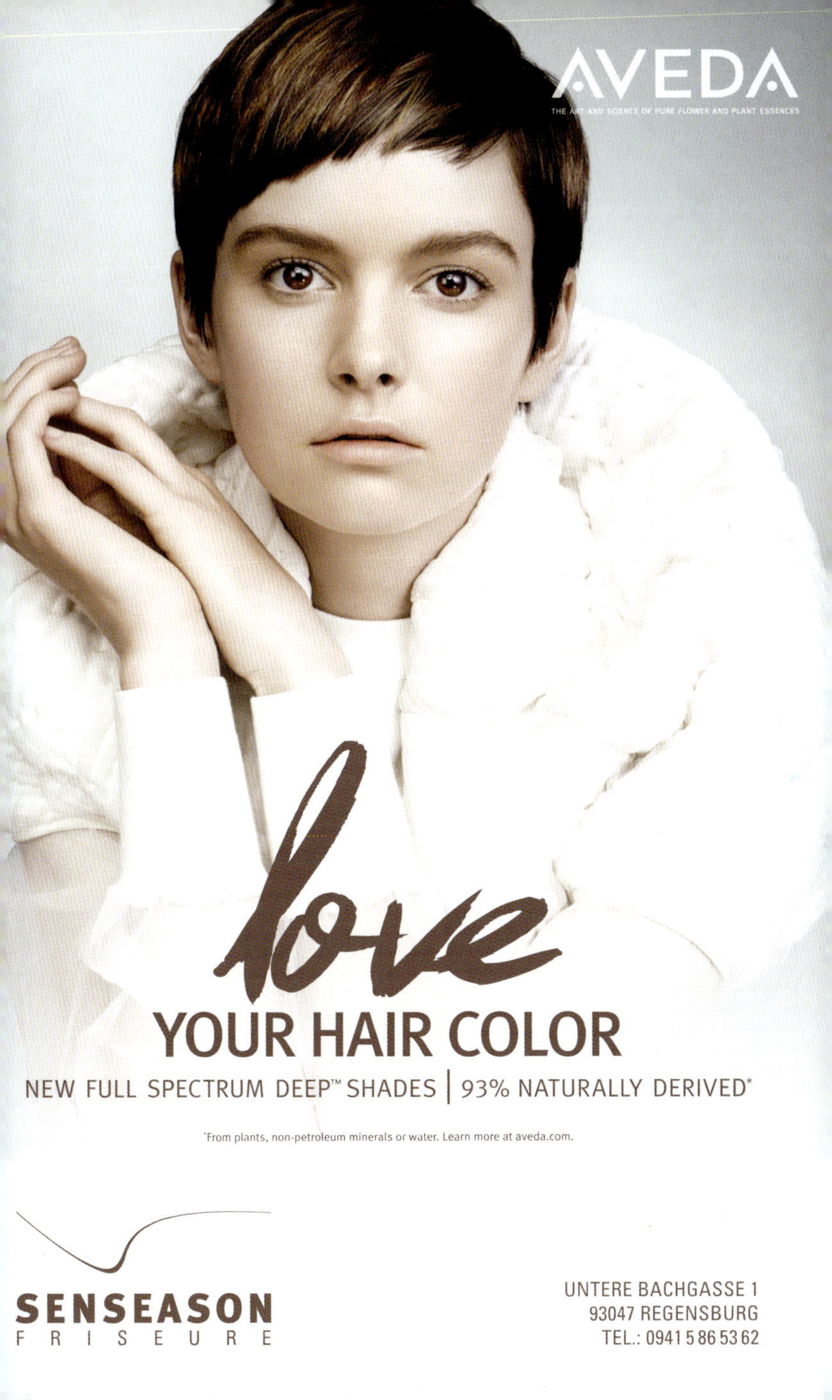
AVEDA
THE ART AND SCIENCE OF PURE FLOWER AND PLANT ESSENCES
love
YOUR HAIR COLOR
NEW FULL SPECTRUM DEEP™ SHADES | 93% NATURALLY DERIVED*
*From plants, non-petroleum minerals or water. Learn more at aveda.com.
SENSEASON
FRISEURE
UNTERE BACHGASSE 1
93047 REGENSBURG
TEL.: 0941 5 86 53 62

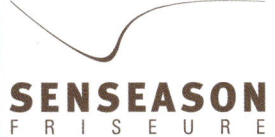

Die Aktive

Sie ist immer in Bewegung, findet überall eine sportliche Herausforderung – und mag es am liebsten praktisch, gesund und unkompliziert.

HIGH HEELS trägt sie nur selten, was in Regensburg ziemlich schlau ist. Denn es gibt fast überall nur Kopfsteinpflaster! Mit Sneakers kommt man eindeutig schneller und lässiger von A nach B. Und genau das ist es, was die Aktive in Regensburg so genießt: Sie ist hier zwangsläufig zu Fuß unterwegs. Reisebusse, die Touristen auf Sightseeing-Tour durch die Altstadt kutschieren, passen nämlich nicht durch die engen Gassen. Die einzige Ausnahme ist eine Miniatur-Stadtbahn, die regelmäßig ihre Runden dreht und dabei über die wichtigsten Sehenswürdigkeiten informiert. Allerdings ist das nicht die allerbeste Methode, um die Stadt richtig kennenzulernen, finden wir. Wer Regensburg erleben will, muss sich eben bewegen, so einfach ist das.

MORGENSTUND hat Gold im Mund – das gilt auch für Regensburg! Aktive Frauen trifft man daher um diese Uhrzeit an der Donau, im Stadtpark und in anderen Grünanlagen oder beim frühen Sprint durch die Gassen zum nächsten Bäcker. Die Joggingstrecken sind allein im Stadtkern so vielfältig, dass es sich nicht lohnt, dafür ins Auto zu steigen, obwohl auch das Umland traumhafte Wald- und Feldwege zu bieten hätte. Die klassische Laufstrecke führt aus der Altstadt hinaus nach Westen an der Donau entlang. Für welches Ufer die Aktive sich entscheidet, ist Geschmackssache; ruhiger ist es südlich. Denn dort geht es an den Ruderclubs und Sportanlagen vorbei Richtung Westpark, dem Naherholungsgebiet der Stadt. Wer kann, läuft bis zur hohen Eisenbahnbrücke und darf sich später am Frühstückstisch über rund 10 Kilometer sportliche Betätigung freuen.

BEWEGUNG IST MEHR als Sport – zumindest in Regensburg. Hier bewegt sich die Donau mit ihren wilden Strudeln, hier verblüffen die vielen kulturellen Highlights mit immer neuen Ideen und Impulsen. Die Galerien und Museen wechseln ständig ihre Ausstellungen, Geschäftsinhaber die Schaufensterdekorationen. Und die Menschen? Sie bewegen sich auch, indem sie gerne an diesem Lebensgefühl teilhaben. Es spielt also keine Rolle, ob Sie mittelalterliche Türme besteigen, in der Unterwelt der Stadt nach historischen Details forschen, ob Sie am Regensburg Marathon teilnehmen oder die Eishockeymannschaft anfeuern, ob Sie sich ein neues Sport-Outfit leisten oder die Nacht in einem der vielen Clubs durchtanzen – Sie brauchen Kondition und ein passendes Ernährungs- und Freizeitangebot. Genau das haben wir Ihnen auf den nächsten Seiten zusammengestellt – in der Hoffnung, Sie morgens einmal an der Donau zu treffen ...

Einkaufen & Flanieren

BEATNUTS BOUTIQUE

Streetwear, Sneakers und alles fürs Skaten und Snowboarden finden sportbegeisterte Frauen direkt gegenüber vom Dom. Denn dort präsentiert *Beatnuts* auf zwei Etagen in einem liebevoll restaurierten spätbarocken Haus farbenfrohe Mode für Menschen, die immer in Bewegung sind und das auch gerne nach außen zeigen. Wenn Sie vorhaben, einen der Domtürme zu erklimmen, gibt es hier garantiert das passende Outfit. Übrigens auch ohne Turmbesteigung, denn dieser Laden ist die ultimative Adresse für alle, die richtig coole Sport- und Freizeitmode und gemütliche Hoodies lieben!

Domplatz 6
Mo. – Sa. 10.00 – 19.00 Uhr
beatnuts.de

LAUFKÖNIG

Wer regelmäßig läuft, wandert oder klettert, ist vermutlich hier Stammkundin. Denn neben Videolaufanalysen, Fußform- und Beinachsenstellung steht bei Ralf König und seinem extrem gut geschulten Team stets eine intensive Beratung im Mittelpunkt. Etwas Zeit braucht es also schon, ehe die Entscheidung für einen neuen Schuh oder die passende Bekleidung fällt. Eine lohnende Investition ist es allemal – Ihre Füße werden es Ihnen danken!

Neuhausstraße 4 | Mo. – Fr. 10.00 – 19.00 Uhr
Sa. 10.00 – 18.00 Uhr | laufundberg-koenig.de

ADRENALIN

Der Name ist Programm und lässt das Herz aktiver Frauen höher schlagen: Denn hier treffen sich alle, die Wind- oder Kitsurfen, Wake-, Snow- oder Longboarden, Inlineskaten, SUP oder einfach nur die passende Sportmode dazu lieben. *Das Adrenalin* bietet außerdem einen Verleih für diverse Boards und Skates an und ist nicht nur für die Jugend eine Top-Adresse, wenn es um Kurse und Ausbildungen in diesen Sportarten geht. Besonders beliebt bei Einsteigern: die Wochenendfahrten zum Schnuppern.

Bischof-von-Henle-Straße 2
Mo. – Fr. 11.00 – 19.00 Uhr
Sa. 10.00 – 16.00/18.00 Uhr (Sommer/Winter)
adrenalin-regensburg.de

BEPPOS BOOT STORE

Richtig gute Schuhe, die etwas aushalten, sind buchstäblich die Basis für ein bewegtes Leben. In diesem Geschäft stehen Meister des Schuhmacherhandwerks hinter dem Tresen – und das merkt man. Neben Bikerboots, Mokassins und Halbschuhen namhafter Hersteller gibt es hier vor allem eins: Cowboystiefel in allen erdenklichen Variationen. Daher ist dieser Laden ein Muss für Westernfans und Frauen, die den coolen US-Look lieben! Die passende Lederbekleidung und vor allem Gürtel mit außergewöhnlichen Schnallen findet sie hier auch. Einzigartig!

Unter den Schwibbögen 1 – 3
Mo. – Fr. 10.00 – 18.00 Uhr | Sa 10.00 – 14.00 Uhr
beppos.de

ZWEIRAD EHRL

Den gibt's doch schon immer, davon sind die meisten Regensburgerinnen überzeugt. Ganz so ist es natürlich nicht, doch Fritz Ehrl steht immerhin in dritter Generation in der klassischen Fahrradwerkstatt. Dort wird alles erledigt, was der passionierte Radler braucht, und zwar vom Fachmann. Mit Reparaturzeiten von nur einem Werktag kann der kleine Familienbetrieb durchaus mit den großen Ketten konkurrieren – zumal das Geschäft in Stadtamhof eine ungleich günstigere Lage hat.

Am Protzenweiher 5 – 7
Mo. – Fr. 9.00 – 12.30 Uhr und 14.00 – 18.00 Uhr
Sa. 9.00 – 12.00 Uhr | zweirad-ehrl.de

AUCH EINEN BESUCH WERT

Die Reisebuchhandlung *Freytag & Berndt* am Kohlenmarkt 1 mit einer gigantischen Auswahl an Reiseführern und Karten; *Tanzsportbedarf Haschberger* in der Unteren Bachgasse 3 mit allem, was Tänzerinnen für ihr Glück brauchen; der *Trekkingladen* in der Oberen Bachgasse 14, wo es vom Trekkingschuh bis zum Funktions-Sweater alles rund um die Berge gibt.

Gehört zu Regensburg: Tanz und Bewegung

Essen & Trinken

Tapas, Tapas, Tapas in der Bodega

BODEGA

Die beliebteste Tapasbar der Stadt liegt mittendrin in einem Innenhof, ein wenig versteckt in zweiter Reihe. Dafür ist die Location einzigartig, weswegen hier auch kräftig und gerne gefeiert wird! Dazu gibt's richtig gute Tapas zu fairen Preisen, spanische Weine und ein bisschen Urlaubsfeeling gleich dazu. Das Publikum ist gemischt, da sich hier irgendwie jeder wohlfühlt. Wir übrigens auch – und empfehlen einen Besuch. Unbedingt vorab reservieren, denn gerade am Wochenende ist die *Bodega* fast immer ausgebucht!

Vor der Grieb 1a | Di. – Do. und So. 18.00 – 24.00 Uhr
Fr. – Sa. 18.00 – 1.00 Uhr | bodega-regensburg.de

EARLY BIRD

Wer zeitig unterwegs ist, frühstückt erfahrungsgemäß auch nicht so spät. Die *Early Bird-Frühstücksküche* in Stadtamhof ist daher ein Geheimtipp für Aktive – zumal die Küche einiges zu bieten hat: Original kanadische Pancakes mit Ahornsirup oder gebratenen Äpfeln gehören hier zu den beliebten Highlights. Alles wird ganz frisch gemacht und sehr familiär präsentiert. Die Einrichtung, die Frühstückskarte und der Look – vieles ist ein wenig anders und besonders. Unser Tipp: unbedingt ausprobieren!

Stadtamhof 6 | Di. – Fr. 8.00 – 18.00 Uhr
Sa. – So. 9.00 – 18.00 Uhr

CAFÉ SCHOLZ

Jung und unkompliziert, das beschreibt diese Location am besten. Ganz gleich, ob Frühstück, ein schneller (Business-)Lunch, ein Kaffee auf der sonnigen Terrasse oder ein Mehrgangmenü am Abend – die coole Lounge-Atmosphäre mit den speziellen Lichteffekten macht zu jeder Tageszeit Spaß. Nicht umsonst heißt das Motto hier *Essen, trinken, feiern!* Besonders preiswert geht das übrigens mittags: Mit der speziellen Lunchkarte hat sich das Restaurant auf eilige Geschäftsleute eingestellt, die gut und günstig essen möchten.

D.-Martin-Luther-Str. 2
Mo. – Sa. ab 9.00 Uhr | So. ab 10.00 Uhr
scholz-regensburg.de

Stadtamhof – hier fühlen sich (Lebens-) Künstler wohl

SCHIERSTADT

Frühstück, Salate, Snacks, Cocktails und vor allem verschiedene Kaffeespezialitäten – das ist es, was dieses Café zu bieten hat! Dazu gibt es ein durch und durch gemischtes Publikum und im Sommer einen wunderschönen Platz draußen. Das reicht manchmal schon, um rundum glücklich zu sein!

An der Schierstadt 1 | Mo. – Sa. 10.00 – 1.00 Uhr | So. 10.00 – 23.00 Uhr

SUPPENBAR

Vegetarisch, bio-gerecht und gesund – das bringt es am besten auf den Punkt. Die *Suppenbar* ist ein beliebter Alltagstreffpunkt, da man die 400 ml-Portionen auch mitnehmen kann. Nicht umsonst gibt es dieses außergewöhnliche Lokal bereits seit 15 Jahren! Alles kommt hier frisch in den Topf, Kräuter und Brot gibt es stets gratis dazu. Zum Nachtisch locken Obstsalat mit Joghurt und Nüssen und andere Köstlichkeiten. Ausprobieren und schmecken lassen!

Obere Bachgasse 12
Mo. – Fr. 11.30 – 15.00 Uhr | Sa. 11.30 – 15.30 Uhr
regensburger-suppenbar.de

DIE OMA IN DA ANTN

Eine besonders schöne Einkehr nach einem ausgedehnten Spaziergang bietet das älteste Gasthaus der Stadt. Allein der Biergarten mit dem Panoramablick auf die Altstadt ist einen Besuch wert – von der hervorragenden Küche ganz zu schweigen! Kein Wunder, dass es die Traditionsgaststätte seit dem 15. Jahrhundert gibt! In den urigen Gaststuben mit der gemütlichen Beleuchtung muss man sich einfach wohlfühlen. Auf der Karte stehen übrigens altbayerische Spezialitäten aus saisonalen und vor allem regionalen Produkten. Schmeckt richtig gut!

Badstraße 32 | Mo. – Fr. ab 17.00 Uhr
Sa. ab 11.30 Uhr | So. 11.30 – 14.00 Uhr
oma-plüsch.de

CAFE-BAR

Die *Cafe-Bar* gehört zu Regensburg wie der Dom. Egal, ob in der Mittagspause, beim Stadtbummel oder nur beim Vorbeigehen: Hier trifft man sich auf einen schnellen Kaffee oder ein Stück hausgemachten Kuchen. Die weiß gefliesten Wände und die Jugendstildecke sorgen für eine ganz eigene Atmosphäre, die Sie einmal erlebt haben sollten!

Gesandtenstraße 14 | Mo. – Mi. 8.00 – 24.00 Uhr
Do. – Fr. 8.00 – 1.00 Uhr | Sa. 9.00 – 1.00 Uhr
So. 13.00 – 24.00 Uhr | cafebar-regensburg.de

CAFÉ FELIX

Aktive Frauen essen gerne frisch, gut und tagsüber nicht zu ausgedehnt. Im *Felix* bekommen sie genau das: wechselnde Tageskarten, schnellen und freundlichen Service und vor allem knackige Salate in leckeren Variationen. Im Sommer ist es hier besonders schön, da das *Café Felix* einen großen Außenbereich in der Fußgängerzone besitzt. Dort können Sie dann beim Essen den Flaneuren und Shopping-Queens zuschauen.

Fröhliche-Türken-Straße 6
Mo. – Sa. ab 9.00 Uhr
Sonn- und Feiertage ab 10.00 Uhr
cafefelix.de

Bewusst & Gesund

GEMÜSE AUS WINZER

Er ist eine optimale Kombination aus Bewegung, bewusstem Einkauf und nachhaltigem Denken: der *Obst- und Gemüseeinkauf im Winzer,* einem besonders grünen westlichen Vorort der Stadt. Denn hier befinden sich die sonnigen und fruchtbaren Anbauflächen vieler Landwirte rund um Regensburg. Unser Tipp: Schwingen Sie sich auf's Fahrrad und radeln Sie am nördlichen Ufer an der Donau entlang bis Winzer. Dann geht es rechterhand ein wenig bergauf in den Ort hinein, wo Sie in Hofläden direkt bei den Erzeugern nur das Beste und saisonal Verfügbare bekommen. Ist immer frisch und *schmeckt einfach besser.*

Nachdem ich beruflich etliche Jahre in anderen Städten gelebt habe und dann wieder nach Regensburg zurückgekehrt bin, habe ich diese schöne Stadt erst richtig schätzen gelernt. Gerade diese kleinen, schnuckeligen und inhaber-betriebenen Läden machen die Altstadt erst zu dem, was sie ist. Sie sind ihre Seele. Ich denke, jeder der hier lebt, kann sich glücklich schätzen.

SABINE BEINTINGER
GEBÜRTIGE REGENSBURGERIN, DIE SEIT 17 JAHREN
IN DER ALTSTADT WOHNT UND ARBEITET

Kultur & Design

Aktive Frauen schätzen kulturelle Highlights, die bewegen – am besten auch sie selbst! Was liegt also näher als tanzen? In Regensburg gibt es eine große Tanzszene, von Modern bis zum klassischen Ballett, von *Tango* bis *Salsa.* Wer sich diese Kunstform nicht im *Velodrom (Spielplan: theater-regensburg.de),* der ehemaligen Radrennbahn der Stadt, anschauen möchte, sondern lieber mitmacht, findet hier Gleichgesinnte: *Salsa & Bachata* lernt und tanzt man im *Tanzforum* in der Marschallstraße 10 *(salsa-in-regensburg.de);* jeden Mittwoch gibt es eine *Salsa-Latino-Party* in der *Pustetpassage,* Einlass ab 20 Uhr. Dort finden freitags und samstags auch *Milongas* statt *(tango-regensburg.de).*

GOLFMUSEUM

Wer den Golfsport tatsächlich erfunden hat, ist nicht ganz klar – die Schotten, Holländer, Franzosen und viele andere streiten sich um diesen Titel. Fest steht allerdings, dass bereits seit sieben (!) Jahrhunderten auf der Welt Golf gespielt wird. Wenn Sie Meilensteine dieser ganz besonderen Sportgeschichte entdecken möchten, sollten Sie einen Blick in diese Sammlung riskieren. Es ist das bedeutendste europäische Museum dieser Art und zeigt die Geschichte des Golfsports vom Mittelalter bis heute. *Einzigartig!*

Tändlergasse 3 | Mo. – Sa. 10.00 – 18.00 Uhr
golf-museum.com

DONAU-SCHIFFAHRTS-MUSEUM

Ein schwimmendes Museum an Bord zweier historischer Donauschiffe? So etwas gibt es nur in Regensburg! Auf den liebevoll restaurierten alten Dampfern – ein Motorschlepper und ein Radzugdampfer – warten die Originalräume der Schiffer, die alten noch funktionsfähigen Dampfmaschinen und Motoren sowie unglaublich viel Wissenswertes über das Leben auf dem Fluss.

Marc-Aurel-Ufer / Thundorferstraße
Mi. – So. 10.00 – 16.00 Uhr (April – Oktober)
schiffahrtsmuseum-regensburg.de

PANAMERICANARTE

Was aussieht wie eine winzige Galerie mitten in der Altstadt, ist in Wirklichkeit ein weltweites und Kulturen verbindendes Kunstprojekt, das entlang der berühmten *PanAmericana,* einer der Traumstraßen der Welt, entstanden ist. Zahlreiche Künstler haben sich an PanAmericanArte beteiligt, das für Völkerverständigung, Vielfalt und Toleranz steht. Die kleine Ausstellung gibt Anstöße; spannend wird es aber vor allem dann, wenn man mit den Initiatoren Michael Schäffer und Mariana Steiner ins Gespräch kommt. Das sollten Sie unbedingt einplanen!

Watmarkt 6 | Mi. – Fr. 11.00 – 18.00 Uhr
Sa. 11.00 – 16.00 Uhr | panamericanarte.com

Der Turm der Dreieinigkeitskirche

TURM DREIEINIGKEITSKIRCHE

Im *Nordturm* der *Dreieinigkeitskirche,* dem ersten evangelischen Kirchenbau in Süddeutschland, befindet sich ein kleines Museum zur Kirchengeschichte, die ein Musterbeispiel der Reformation ist. Die Kirche ist heute vor allem für ihren protestantischen Gesandtenfriedhof berühmt. Doch die Menschen erklimmen die acht Stockwerke nicht nur deshalb, sondern sie wollen auch den *herrlichen Blick* vom Turmumgang auf die Regensburger Altstadt genießen. Der Turm ist übrigens knapp 70 Meter hoch. Der Aufstieg lohnt sich und zeigt einmal mehr, wie geschlossen das meist mittelalterliche Stadtbild heute noch ist.

Am Ölberg 1
Sonntag vor Ostern bis 1. November tägl.
12.00 – 18.00 Uhr | dreieinigkeitskirche.de

Freizeit & Beauty

Radwanderwege gibt es überall rund um Regensburg. Auch der berühmte Donau-Radwanderweg von Ulm bis ans Schwarze Meer führt am Ufer der Altstadt vorbei. Einzelne Strecken herauszuheben macht daher keinen Sinn – sie sind nämlich alle schön! Unser Tipp: Fragen Sie in der Tourist-Information nach einem Radwanderführer, falls Sie die Region auf zwei Rädern erkunden möchten!

WESTBAD

Zugegeben: Es ist nicht jedermanns Sache, in der Donau zu baden. Das *Westbad* bietet hier gute Bewegungs-Alternativen. Aqua-Training ist zum Beispiel eine besonders schonende und effektive Form der Bewegung, da es Gelenke und Wirbelsäule durch den Wasserauftrieb entlastet. Und Schwimmen macht einfach nur Spaß, zumal Wasser ohnehin ein großartiges Element für Aktive ist! Im Regensburger *Westbad* hat man sich darauf eingestellt und öffnet daher freitags das Sportbecken schon um 7.00 Uhr. Und für Nachtschwärmer gibt es die Mondscheinsauna und ein Mitternachtsbuffet; montags von 9.00 – 22.00 Uhr ist Damensauna.

Messerschmittstraße 4
Tägl. 9.00 – 22.00 Uhr | westbad.de

Im Kanu durch Naturschutzgebiete paddeln – ein Traum

KANUFAHRT

Eine *Kanufahrt* auf dem Regen, der Naab oder der Vils ist ein ganz besonderes Erlebnis – führt die Strecke doch durch unberührte Auen und Naturschutzgebiete. Wir empfehlen die wunderschöne Tour von Kallmünz nach Penk: Treffpunkt ist beim *Kanuschorsch* in Traidendorf, der einweist, Schwimmwesten und Packsack überreicht und alle Fragen beantwortet. Wo man aufhört, kann jeder selbst entscheiden; die Abholung erfolgt nach Anruf. Eine simple Regelung, die gut funktioniert!

Kanuschorsch | Zum Fischerberg 3
93183 Kallmünz OT Traidendorf
kanuschorsch.de

Alternativ gibt es den *Bootsverleih Penk* mit extrem großer Auswahl, was die Kanus und angebotenen Routen betrifft. Wer mit Kindern paddeln will, ist hier sicherlich richtig! In der Regel beginnt man mit der Busfahrt Naab aufwärts, um dann stromabwärts zum Bootsverleih zurück zu paddeln. Hier darf man übrigens auch vor dem Steg einfach einmal ausprobieren, wie ein Kanu funktioniert – ohne gleich eine ganze Strecke meistern zu müssen.

Bootsverleih Penk
Löwenackerstraße 25 | 93152 Nittendorf
bootsverleih-penk.de

161

SEGWAYTOUR REGENSBURG

Nicht nur Regensburg ist eine der angebotenen Touren – nein, das Unternehmen bietet tatsächlich Fahrten in der gesamten Oberpfalz an! In der Stadt ist der Trip mit Offroad-Anteil und wechselnden Untergründen allerdings durchaus ein Erlebnis. Besonderes Highlight: die Nachttour, die alle zwei Wochen stattfindet.

Frauenbergl 2 | Tel. (0941) 58 612 684
e-konzept-am.com

REGENSBURG MARATHON

Der Regensburg Marathon kommt einem Stadtfest für Aktive gleich und ist ein Höhepunkt für alle aktiven Läufer. Er wird vom *LLC Marathon Regensburg e. V.* veranstaltet und zieht gleichermaßen Spitzensportler und Freizeitläufer an. Die mittelalterliche Kulisse und die ungewöhnlichen Strecken durch und rund um die Stadt machen den Event einzigartig.

Teilnahmebedingungen, Termine & Meldefristen:
regensburg-marathon.de

INFORM FRAUENFITNESS

Balance ist das Wort, das hier besonders häufig fällt. Denn das Inform ist keine klassische Muckibude, sondern ein Fitness-Treffpunkt für Frauen, die ungestört mit ihrem Körper arbeiten und Energie tanken möchten. Das Studio ist extrem schön eingerichtet, zu Fuß von der Altstadt aus bequem zu erreichen und lebt von der persönlichen Betreuung jeder einzelnen Besucherin. Ein angenehmer Ort für aktive Frauen.

Kumpfmühler Straße 8a
Mo. – Do. 8.30 – 12.30 und 15.00 – 22.00 Uhr
Fr. 8.30 – 22.00 Uhr | Sa. 9.00 – 15.00 Uhr
inform-frauenfitness.de

ARBERRADMARATHON

Renn- und Radfahrerinnen aufgepasst: Das ist der ultimative Radsport-Event in der Region! Wie der Name schon vermuten lässt, führen die durchaus anspruchsvollen Strecken durch den Bayerischen Wald. Da das Ganze jedoch eine radtouristische Veranstaltung ist, kann jeder teilnehmen, der ausreichend trainiert ist. Veranstalter ist der *Veloclub Ratisbona e. V.*

Informationen:
arberradmarathon.de

Die *Buchbinder Legionäre Regensburg* sind tatsächlich die größte Baseball-Organisation in Deutschland. Die erste Mannschaft ist mehrmaliger deutscher Meister, die Spiele sind sehenswert *(legionaere.de)*. Richtig interessant ist auch das neue Stadion des *SSV Jahn Regensburg,* der dort derzeit nur Viertligaspiele zeigen kann – das aber mit permanenten Zuschauerrekorden, weil es so schön ist *(ssvjahn.de).* Und natürlich hat Regensburg auch eine erfolgreiche Eishockey-Mannschaft, den *EVR.* Wenn er nicht in der Donau-Arena spielt, kann man dort nach Pop-Musik-klängen wie früher Schlittschuhlaufen *(eishockey-regensburg.de).*

Nachtleben

Wer aktiv ist, gerne Sport treibt und früh aufsteht, ist erfahrungsgemäß selten auch ein *Nachtschwärmer.* Deshalb stellen wir hier nur wenige Clubs genauer vor. In allen wird getanzt, die Musikauswahl (und damit auch die Gästezusammensetzung) variiert. Außerdem verändert sich die Szene permanent, bleibt in Bewegung. Unser Tipp: Einfach Clubs wie die *SUITE 15,* das *BEATS* oder das *GATSBY* ausprobieren und selbst entscheiden.

SUDCLUB

Der *SUDclub* befindet sich tatsächlich direkt gegenüber vom Dom und ist deshalb schon erwähnenswert. Die Tanzfläche ist groß, das Publikum ziemlich gemischt. Der Club ist ein zentraler Treffpunkt für alle Nachtschwärmer; in der Regel schlägt jeder irgendwann hier auf.

Domplatz 3 | Do. 23.00 – 3.00 Uhr
Fr. – Sa. 23.00 – 4.00 Uhr | sudclub.de

PONY

Diese Szenebar ist einfach anders! Denn hier treffen sich Studenten, Althippies, Mittdreißiger und Originale, um gemeinsam zu feiern: unkonventionell, unberechenbar und mit coolen Getränke-Specials. Wer wissen möchte, wo Regensburg die Nacht zum Tag machen, sollte im *Pony* vorbeischauen!

Obere Bachgasse 8 | Di. – Sa. 21.00 – 2.00 Uhr
pony-regensburg.de

Hotels

DOCK 1 Unkompliziert andocken, herrlich schlafen und unschlagbar günstig übernachten – das geht im *Hotel Dock 1* am Regensburger Osthafen. Das Haus ist konsequent im Hafenlook eingerichtet und allein deshalb in Regensburg etwas *ganz Besonderes.* Das ungewöhnliche Interieur ist sehenswert und trägt die Handschrift der Regensburger Hotelier-Familie *Birnthaler.* Mit einem Spaziergang entlang der Donau oder dem Bus, der direkt vor dem Haus abfährt, ist die Altstadt bequem zu erreichen. Übrigens ist der *»neue Osten«* der Stadt ein aufstrebendes Szeneviertel, was den Standort in Zukunft noch attraktiver machen wird.

Alte Straubinger Straße 7
hotel-dock1.de

Tipps A – Z

Lieblingsorte

Das Orkan

ORKAN

Wohl die unkomplizierteste Kneipe der Stadt und gleichzeitig Treffpunkt von Alt-Achtundsechzigern, Studenten, eingefleischten Regensburgern und lässiger Jugend. Das *Orkan* gehört irgendwie schon immer zur Stadt und ist mit der rockigen Musik und dem gemütlichen Gewölbeflair ein beliebter Treffpunkt für alle, die keine Szenebar wollen – und das sind tagtäglich ziemlich viele! Das dürfte auch am richtig guten Essen zu extrem günstigen Preisen liegen – ein echter Geheimtipp direkt an der Donau.

 Holzländestraße 1 | Tägl. 18.00 – 1.00 Uhr
Sa. – So. ab 17.00 Uhr | Küche bis 23.30 Uhr

SCHILLERWIESE

Erst laufen oder rudern, dann in der Donau baden – und anschließend ein gemütliches Picknick auf der Wiese? Diese Kombination lässt sich in Regensburg am besten auf der Schillerwiese im Westen der Stadt realisieren. Das weiträumige Areal bietet viel Liegefläche, idyllische Donaustrände und Laufwege rund um den See oder entlang der Donau. Wir finden, hier lassen sich heiße Sommertage besonders angenehm verbringen.

 An der Schillerwiese in der Nähe
des Ruderclubs | Messerschmittstraße 2

Die Modebegeisterte

Sie sucht und findet überall aufregende neue Trends, ist stets topaktuell gekleidet, weiß immer, was gerade angesagt ist – und sie fällt gerne auf.

BREITE BOULEVARDS findet die Modebegeisterte in Regensburg nicht. Wer die Düsseldorfer Königsallee, das Alsterufer in Hamburg oder die Maximilianstraße in München gewohnt ist, wird sich hier vermutlich erstaunt die Augen reiben: Denn in der Stadt warten enge Gassen statt breiter Flaniermeilen, wenig Label-Shops, dafür noch echte Boutiquen – und das *Sehen und Gesehenwerden* findet eher im Kleinen statt. Kurz: Wer den großen Jahrmarkt der Eitelkeiten sucht, wird hier vermutlich nicht fündig; wer allerdings Klasse statt Masse bevorzugt und gerne jenseits vom Mainstream in Sachen Mode individuelle Akzente setzt, ist in Regensburg goldrichtig!

BEIM THEMA MODE fällt es besonders auf: In Regensburg gibt es überdurchschnittlich viele unabhängige Einzelhändler. Selbstverständlich sind auch die großen Kaufhäuser und Modeketten vor Ort – anders als in den meisten deutschen Städten dominieren sie hier jedoch nicht die Innenstadt. Im Gegenteil: Eine kluge Stadtpolitik hat genau diese Auswüchse verhindert, die viele Städte geradezu austauschbar machen. Stattdessen konnte sich in den mittelalterlichen Gassen eine Infrastruktur entwickeln, die mit ungewöhnlichen Konzepten, kleinen und entzückenden Läden und einigen gut sortierten größeren Anbietern alles bietet, was das trendbewusste, aber eben auch individuelle Modeherz begehrt. Und das macht richtig Spaß!

KURZE WEGE sind für Shopping-Queens ein entscheidender Vorteil. In Regensburg sind die Voraussetzungen dafür besonders gut: Denn praktisch alle interessanten Geschäfte, Restaurants und kulturellen Angebote finden sich innerhalb der alten Stadtmauern oder auf der anderen Seite der Steinernen Brücke in Stadtamhof. Sie können also in aller Ruhe einkaufen – die Tüten sind schnell ins Auto oder Hotel gebracht. Der einzige Haken ist möglicherweise das Kopfsteinpflaster: Es ist eindeutig nicht besonders Damenschuh-freundlich, dafür aber besonders schön und gehört natürlich auch zur Stadt. Unser Tipp: Wählen Sie für Ihre Shopping-Tour durch die Stadt einen sportlichen Look mit flachen Schuhen!

Einkaufen & Flanieren

La Donna

LA DONNA

Dieses Modehaus (und das ist es mit seinen drei Etagen!) gehört seit über 15 Jahren zu den Top-Adressen in der Stadt. Ganz gleich, ob für den Alltag, ein neuer Business-Look, Freizeitmode oder für den festlichen Anlass – hier findet wirklich jede Frau ein passendes Outfit. Besonders schön: Neben den aktuellen Trends warten in den Regalen stets Klassiker, die nicht aus der Mode kommen. Praktisch ist die Sortierung nach Farbwelten, da Sie so ganz schnell *Ihre* Mode ansteuern können. Unser Tipp: Ganz nach oben laufen und die Abendmode genauer anschauen! Die Auswahl ist exquisit – und probieren kostet schließlich nichts!

Weiße-Hahnen-Gasse 4 – 6 | Mo. – Fr. 10.00 – 18.30 Uhr
Sa. 10.00 – 17.00 Uhr | la-donna-moden.de

SCHUH BARON

Feine italienische Schuhe finden modebewusste Frauen, die vor allem feminine Modelle oder bewährte Klassiker bevorzugen, in diesem alteingesessenen Geschäft. Klein aber fein lautet die Devise, und das Interieur unterscheidet sich wohltuend von den langen Regalreihen großer Filialisten. Ein echter Fachhändler mit großer Stammkundschaft eben! Kompetente Beratung ist hier eine Selbstverständlichkeit, höchste Qualität auch. Nicht umsonst gibt es dieses Geschäft schon ewig.

Wahlenstraße 16

H2 CONCEPT STORE

Der *H2 Concept Store* ist eine Dependance der Modeboutique *Hubert H.* Während das Mutterhaus die klassischen Labels führt, finden modebegeisterte Frauen hier in einem coolen Loft-Style die neusten Looks der Contemporary Fashion, Jeans, Outwear und Accessoires. Das Angebot verblüfft immer wieder mit ungewöhnlichen und spannenden Kollektionen. Unser Tipp: hineinschnuppern – allein die schönen Gürtel und Taschen sind es wert!

Gesandtenstraße 7 | Mo. – Fr. 10.00 – 19.00 Uhr
Sa. 10.00 – 18.00 Uhr | hubert-h.de

WÄSCHEHAUS WILDNER

Top gekleidet fängt selbstverständlich mit der Wäsche darunter an. Perfekt sitzende Dessous sind daher für die Modebewusste ein Teil des täglichen Outfits. Besonders viele renommierte Marken führt dieses Wäschehaus, in dem noch fachgerecht beraten und vermessen wird. Das paradoxe Detail: Die traumhaften Dessous und Bademoden sind so schön, dass frau sie am liebsten immer zeigen möchte! Unser Geheimtipp für luxuriöse Lingerie, edle Bademoden und traumhafte Nachtwäsche!

Wahlenstraße 21
Mo. – Fr. 11.00 – 13.00 Uhr und 14.00 – 18.30 Uhr
Sa. 11.00 – 16.30 Uhr | waeschehaus-wildner.de

Showroom

ROSINA SCHUHE

Wer nur das edelste Schuhwerk trägt und dabei buchstäblich auf die Top-Designer dieser Welt steht, wird dieses kleine und besonders romantisch gelegene Schuhgeschäft lieben! Inmitten des ältesten Händlerviertels der Stadt ist allein das Schaufenster für Schuh-Fetischistinnen eine Augenweide – mit allen wichtigen Labels und ab und zu auch mit Angeboten. Hier gibt es ihn garantiert: den ultimativen Schuh, der einfach noch in Ihrem Schuhschrank fehlt! Unbedingt hineinschauen!

Wahlenstraße 3
Mo. – Fr. 10.30 – 18.00 Uhr | Sa. 10.00 – 17.30 Uhr

SHOWROOM

Shoes and Style im echten Großstadt-Look bietet der *Showroom* in der Wahlenstraße. Sie suchen außergewöhnliche Sneaker? Oder vielleicht doch lieber eine Tasche, nach der man sich auf der Straße umdrehen wird? Dann sind Sie hier richtig, eindeutig! Denn der *Showroom* ergänzt das modische Angebot der Stadt mit extrem junger Fashion, die man eher in Städten wie Berlin, London der New York vermutet. Lohnt sich also, dort einmal vorbeizuschauen.

Wahlenstraße 20 | Mo. – Fr. 11.00 – 18.00 Uhr
showroom-regensburg.de

176

La Donna Scarpe

LA DONNA SCARPE

Wie der Name schon vermuten lässt, ist dieser Schuhladen ein Ableger des gleichnamigen Modehauses. Mitten in der Fußgängerzone wartet hier auf 180 Quadratmetern hochwertige Schuh- und Taschenmode auf ihre Entdeckung – und das häufig zu erstaunlich moderaten Preisen! Beide Häuser bieten übrigens einen Liefer- und Änderungsservice an – und auf Wunsch erhalten Sie eine persönliche Einkaufsbegleitung, die Sie stilistisch berät.

Goliathstraße 10 / Brückstraße
Mo. – Fr. 10.00 – 18.30 Uhr I Sa. 10.00 – 17.00 Uhr
la-donna-scarpe.de

CHIC

Direkt am Neupfarrplatz liegt diese Boutique besonders zentral und günstig. Schon das Schaufenster verspricht einiges: Absolute High Heels, sexy Abendmode und angesagte Labels locken interessanterweise nicht nur ein ganz junges Publikum. Das dürfte vor allem daran liegen, dass die Mode hier zwar ziemlich hip, aber durchaus tragbar ist. Der feminine Stil kleidet jede Frau – und das mit den hohen Absätzen können Sie sich ja noch einmal überlegen. Unser Tipp: anschauen!

Neupfarrplatz 2 I Mo. – Sa. 10.00 – 19.00 Uhr

BELLA DONNA

Die Erfolgsgeschichte dieses Modehauses begann in Weiden, wo die Inhaberfamilie vor 20 Jahren ihr erstes Geschäft eröffnete – mit großem Erfolg. Seit einigen Jahren geht diese Rechnung auch in Regensburg auf und ergänzt über drei Etagen und in preisgekrönter Inneneinrichtung die Modelandschaft mit internationaler Designermode, Schuhen und Accessoires. In einer großzügigen Lounge-Area, XXL-Umkleiden und begleitet von fundierter Stilberatung können Frauen hier die ganz großen Labels anprobieren und einen Hauch von Mailand, Paris, London und New York spüren. Zugegeben, die Mode ist wirklich hochpreisig; echte Fashion-Victims lassen sich davon allerdings selten abschrecken.

Neupfarrplatz / Obere Bachgasse 1
Mo. – Fr. 10.00 – 19.00 Uhr | Sa. 10.00 – 18.00 Uhr
belladonna-moden.de

LA NOVITÀ

Eine edle Mischung aus italienischen Schuhen, gehobener Damen- und Herrenmode sowie den passenden Accessoires bietet diese Boutique, die von außen ganz klein wirkt. Betritt man das Geschäft jedoch, verblüfft in dem alten Gemäuer ein erstaunlich geräumiger und heller Verkaufsraum mit einer interessanten Auswahl hochwertiger Labels: edle Stiefel und Stiefeletten, Ballerinas in allen Farben, Pumps mit auffälligen Schmuckdetails, klassische Loafers und glitzernde Sneakers – ein Traum. Es lohnt sich, hier mehr Zeit einzuplanen. Besonders praktisch: Während Sie in aller Ruhe stöbern, lässt sich auch die männliche Begleitung mit handgemachten italienischen Schuhen zumindest eine Weile ruhigstellen.

Hinter der Grieb 4 | Mo. – Fr. 10.00 – 18.30 Uhr
Sa. 10.00 – 18.00 Uhr | lanovita.net

KOMMODE

Schmuck, Uhren, Accessoires und Sonnenbrillen – das sind genau die Dinge, die für modebewusste Frauen zu jedem Outfit dazu gehören. Hier gibt es sie alle zusammen in großer Auswahl, und zwar seit 35 Jahren. Besonderes Highlight sind immer wieder die Must-haves der Saison, die natürlich nicht fehlen dürfen. Unser Tipp: Erst Kleider und Handtaschen erstehen und dann in der Kommode weiter stöbern!

Königsstraße 1 | Mo. – Fr. 9.00 – 19.00 Uhr
Sa. 9.00 – 18.00 Uhr | kommode-regensburg.de

CARO BOUTIQUE

Kleine Markenlabel, die nicht jeder kennt – genau das ist die Spezialität von Caro. Und mit ihr ist auch ihr Erfolgsrezept, mit dem sie seit vielen Jahren in der Regensburger Modeszene Akzente setzt. Ihre Stammkundschaft ist entsprechend zahlreich, da Frauen hier neben den aktuellen Modetrends genau jene etwas anderen Teile finden, die aus der Masse herausstechen und einen Look erst ganz besonders machen.

Hinter der Grieb 2 | Mo. 12.00 – 18.00 Uhr
Di. – Sa. 10.30 – 18.00 Uhr | boutique-caro.de

AUCH EINEN BESUCH WERT

Edlen internationalen Markenschmuck und vor allem die größte Uhrenauswahl gibt es bei *Mühlbacher* Juweliere in der Ludwigstraße 1, einem Familienunternehmen mit 100 jähriger Tradition *(muehlbacher.de);* ein Geheimtipp für Kofferkleider und lässige Tunika-Mode ist *Lorenzo* in der Roten-Hahnen-Gasse 3 – eine sehr nette Boutique mit einem äußerst entspannten Inhaber; und wer es lieber sportlich mag, findet eine gute Auswahl bei *To be Fan* in der Unteren Bachgasse 10 *(tobefan.de).*

Essen & Trinken

Shoppen braucht Zeit. Viel Zeit. Gemütlich Essen gehen kostet auch Zeit. Modebegeisterte Frauen investieren diese lieber in Boutiquen – stets auf der Suche nach dem ultimativen Designerteil, dem angesagtesten Look oder diesem einen außergewöhnlichen Accessoire, das sie garantiert zum Stadtgespräch werden lässt. Unsere Café- und Restaurantempfehlungen sind daher in diesem Kapitel auf das Nötigste beschränkt: Frühstück, Mittagssnack und ein leichtes Abendessen.

PAPAGENO

Das Gebäude allein ist einen Besuch Wert: Der alte Weinstadel wurde 1527 vom berühmten Stadtbaumeister Albrecht Altdorfer erbaut und ist imposanter Zeuge vergangener Blütezeiten. Direkt an der Donau gelegen, beherbergt er heute das mediterrane Restaurant *Papageno,* das nicht zuletzt aus dem Fernsehen bekannt ist, da es einen Restaurantvergleich für sich entscheiden konnte. Die Küche ist frisch, ehrlich, unverschnörkelt und bietet leckere Pasta- und Pizzaspezialitäten; das Ambiente einmalig und sehenswert.

Keplerstraße 14 | Mo. – Fr. ab 17.30 Uhr
Sa. – So. ab 12.00 Uhr | papageno-regensburg.de

CAFE BAR DREI MOHREN

Es ist hier ein bisschen wie in Italien oder Wien: Jugendstilambiente, selbstgemachte Tramezzini, dazu köstlicher Kuchen, frischgeröstete Kaffeespezialitäten und ausgesuchte Weine. Das Ganze findet auf engstem Raum statt, was der Beliebtheit der Cafébar hinter dem Theater keinen Abbruch tut. Im Gegenteil: Fast immer ist es voll, und wer einen Platz ergattert hat, bleibt, weil die Atmosphäre und das Publikum stimmen.

Drei-Mohren-Straße 3
Mo. – Mi. 8.00 – 23.00 Uhr
Do. – Sa. 8.00 – 1.00 Uhr | So. 9.00 – 23.00 Uhr
dreimohren.net

CAFFÉ RINALDI

Ein richtig leckeres Frühstück und eine schnelle italienische Mittags- und Abendküche serviert der charmante Wirt des *Caffé Rinaldi* seinen Gästen (im Sommer vorzugsweise auf der Terrasse). Die Karte wechselt täglich und bietet Klassiker der mediterranen Küche. Das Publikum ist entsprechend illuster: Hier trifft sich eindeutig die Regensburger In-Szene zum Business-Lunch, Prosecco-Frühstück oder italienischen Abend.

Alter Kornmarkt 3a
Mo. – Do. 8.00 – 23.00 Uhr
Fr. – Sa. 8.00 – 24.00 Uhr | So. 8.00 – 18.00 Uhr
caffe-rinaldi.de

CAFÉ ANNA

Sie brauchen einen schnellen Kaffee, etwas Süßes dazu oder ein herzhaftes Brot mit leckerem Belag? Im *Café Anna* finden Sie es bestimmt! Das Selbstbedienungskonzept sorgt dafür, dass Sie selbst entscheiden, wie lange Ihr Aufenthalt dort dauert – und die richtig guten Kuchen und Brote lassen Ihre Geschmacksnerven jubeln! Sehenswert ist auch die Location, im alten gotischen Gewölbe, und mit etwas Glück finden Sie sogar einen Platz in der Sonne draußen oder in der überdachten Hofeinfahrt unter den Heizpilzen.

Gesandtenstraße 5 | Tägl. 9.00 – 19.00 Uhr
anna-cafe.de

Ein süßer Snack im Café Anna

Freizeit & Beauty

SONNENBADEN AM DONAUSTRAND

Ausgedehntes Shopping und Anprobieren machen müde. Deshalb empfehlen wir in der Freizeit vor allem Entspannung. Wer das im Konzert, Theater oder Kino findet, schaut in die tagesaktuellen Programme. Allen anderen empfehlen wir an warmen Tagen einfach ein paar ruhige Stunden an einem der vielen *Donaustrände* am Oberen oder Unteren Wöhrd. Das macht einen frischen Teint, sorgt mit einem fast schon meditativen Blick auf den Fluss für innere Einkehr und ist eine gute Alternative zu ausgedehnten Spaziergängen.

BAUMER WELLNESS

Auch das geht natürlich: eine kleine Schönheits- und Wohlfühleinheit mitten in der Stadt! Praktischerweise bietet diese Oase der Ruhe genau das auch spontan an – Sie können vorbeigehen und genießen. Zur Gesichts- und Handbehandlung gibt es Wohlfühlmassagen, einen frischen Obstsnack und Tee. Tut gut, entspannt und macht noch schöner!

Wahlenstraße 29 | baumer-wellness.de

Seifenflocken von der Parfümerie Miller

Für mich ist das dezente Understatement dieser Stadt etwas ganz
Besonderes – sie und ihre Bewohner
protzen nicht mit ihrem Reichtum.
Erst wer tiefer eintaucht, entdeckt die
vielen Schätze architektonischer,
historischer und menschlicher Art!
Dem typischen Regensburger
geht es nicht um Gewinn, sondern
um andere Werte: Work-Life-
Balance, Familie, Freunde und Leidenschaft bei der Arbeit.

STEPHANIE MILLER-REITZER
PARFÜMERIE F.X. MILLER

Nachtleben

NEUE SCHUHE EINTANZEN?

Warum nicht! Da empfehlen wir
Ihnen einen der zahlreichen Clubs
in Regensburg: Der *SUD club* direkt am
Dom hat eine besonders große Tanzfläche; das *Pony* in der Oberen Bachgasse ist für die witzige Mischung des
Publikums und die vielen schönen
Frauen bekannt; das *UPPER 21*, ebenfalls am Domplatz, punktet mit der
Tatsache, dass hier die ganz Jungen
nicht reinkommen – und die *suite 15*
ist seit jeher der Club zum Abtan-
zen – jetzt im St.-Peters-Weg 15.

KRUGER KAFFEE & BAR

Gute Cocktails, ein sensationell net-
ter Wirt und die unschlagbar zentrale
Lage machen diese Bar zu einem echten Hotspot. Die Location eignet sich
hervorragend für kleinere Partys und
hat schon manche/n dazu verführt,
aus dem geplanten Aperitif eine lange
Nacht werden zu lassen.

Rote-Hahnen-Gasse 4
Tägl. 18.00 – 2.00 Uhr

Feiern, sehen und gesehen werden
– in Regensburg geht das

DAS ECK

Die besten Cocktails und Longdrinks zu unfassbar günstigen Preisen gibt es tatsächlich in einem Straßenverkauf! *Das Eck* liegt etwas versteckt und versorgt an heißen Tagen praktisch den gesamten Bismarckplatz mit coolen Getränken. Kein Wunder, dass es dort immer voll ist! Wer gerne dem Treiben auf der Straße folgt, ist hier sicher richtig, um zu sehen und gesehen zu werden.

Bismarckplatz 4 | Di. – Mi. 20.00 – 1.00 Uhr
Do. – Sa. 20.00 – 2.00 Uhr

HAB UND GUT

Die Cocktailbar mit Lounge und einem Restaurant hat vor allem eins: einen wunderschönen Innenhof! Wohl auch deshalb ist sie auch unter nicht mehr ganz jungen Nachtschwärmern beliebt. Die Speisekarte ist übrigens asiatisch geprägt, was ebenfalls für eine Fangemeinde sorgt. Ansonsten gibt es hier Cocktails ohne Ende und immer gute Stimmung.

Keplerstraße 3 | Di. – Sa. 18.00 – 2.00 Uhr
habundgutbar.de

RAUSCHGOLD

Die kleine aber feine Bar hat einen idealen Standort, um eine lange Nacht zu beginnen – und vielleicht auch dort zu beenden: Denn das *Rauschgold* liegt ganz in der Nähe der meisten Clubs in der Altstadt. Ob als cooler Starter oder als Location für einen Szene-Abend, hier feiert man vor allem auf eine Art: preiswert! Das ist sinnvoll, finden wir, wenn am Tag das Geld beim Shopping allzu locker saß.

Obermünsterstraße 14
Di. – Sa. 22.00 – 3.00 Uhr | rauschgold.de

Hotels

Ein Zimmer im Hotel Henry VIII.

HOTEL HENRY VIII.

Eigentlich ist der Hotelname für Frauen keine Einladung – *Henry VIII.* war jener König, der zwei Gattinnen hinrichten ließ, zwei verstieß, eine durch den Tod verlor und nur die letzte auf dem eigenen Totenbett in Freiheit entließ! Dennoch: Das Haus an der römischen Stadtmauer bietet allen erdenklichen Komfort: luxuriöse Boxspringbetten, Lärmschutzfenster und Regenduschen zum Beispiel. Die sieben Zimmer sind zauberhaft eingerichtet. Unser Tipp: Fragen Sie nach der *Flora Suite!*

St.-Georgen-Platz 8 | hotel8-regensburg.de

HOTEL GOLIATH

Der ideale Ort, um nach den Strapazen langer Shopping-Touren stilvoll im Bett zu entspannen! Jedes Zimmer, übrigens auch in der Dependance David in unmittelbarer Nähe, ist liebevoll eingerichtet und vor allem in Sachen Farben ein Genuss. Mit etwas Glück treffen Sie hier auch den einen oder anderen Promi – zählt das Hotel doch zu den Top-Adressen in der Stadt.

Goliathstraße 10 | hotel-goliath.de

187

Tipps A – Z

B

Baumer Wellness *Spa / Kosmetik*
Wahlenstraße 29 | Seite 182

Bella Donna *Boutique*
Neupfarrplatz / Obere Bachgasse 1
Seite 178

C

Caro Boutique
Hinter der Grieb 2 | Seite 178

Café Anna
Gesandtenstraße 5 | Seite 181

Cafe Bar Drei Mohren
Drei-Mohren-Straße 3 | Seite 181

Caffé Rinaldi
Alter Kornmarkt 3a | Seite 181

Chic *Boutique*
Neupfarrplatz 2 | Seite 177

D

Das Eck *Bar*
Bismarckplatz 4 | Seite 185

H

Hab und Gut *Cocktailbar*
Keplerstraße 3 | Seite 185

Hotel Goliath
Goliathstraße 10 | Seite 187

Hotel Henry VIII.
St.-Georgen-Platz 8 | Seite 187

H2 Concept Store *Boutique*
Gesandtenstraße 7 | Seite 175

K

Kommode *Geschäft*
Königsstraße 1 | Seite 178

Kruger Kaffee und Bar
Rote-Hahnen-Gasse 4 | Seite 184

L

La Donna *Boutique*
Weiße-Hahnen-Gasse 4 – 6 | Seite 174

La Donna Scarpe *Boutique*
Goliathstraße 10 | Seite 177

La Novità *Geschäft*
Hinter der Grieb 4 | Seite 178

Lorenzo *Boutique*
Rote-Hahnen-Gasse 3 | Seite 179

M

Mühlbacher *Juwelier*
Ludwigstraße 1 | Seite 179

O

Orphée *Restaurant*
Untere Bachgasse 8 | Seite 190

P

Papageno *Restaurant*
Keplerstraße 14 | Seite 180

Pony *Bar*
Obere Bachgasse 8 | Seite 184

R

Rauschgold *Club*
Obermünsterstraße 14 | Seite 186

Rosina Schuhe *Geschäft*
Wahlenstraße 3 | Seite 176

S

Schuh Baron
Wahlenstraße 16 | Seite 175

Showroom *Boutique*
Wahlenstraße 20 | Seite 176

SUDclub *Club*
Domplatz 3 | Seite 184

suite 15 *Club*
St.-Peters-Weg 15 | Seite 184

T

To be Fan *Boutique*
Untere Bachgasse 10 | Seite 179

U

UPPER 21 *Bar*
Domplatz 3 | Seite 184

W

Wäschehaus Wildner *Boutique*
Wahlenstraße 21 | Seite 176

Lieblingsort

Die Untere Bachgasse mit dem Orphée

AUSTERNBAR IM ORPHÉE

Jedes Jahr im Dezember ist es wieder soweit: Das *Orphée* öffnet seine Austern- und Champagner-Bar. Das ist Kult und ein bisschen Paris mitten in der mittelalterlichen Altstadt. Entsprechend eng geht es hier zu: Tout Regensburg trifft sich hier – und nirgends sonst kann man seine Einkäufe so charmant vor Kenner-Publikum vorführen. Wir lieben es!

Untere Bachgasse 8 | Tägl. im Winter ab 17.00 Uhr | Sa. – So. ab 11.00 Uhr

Die Kunstsinnige

———

Sie bummelt gerne durch Museen und Galerien, besucht Antiquitätenhändler und junge Künstler, kennt jede alte Kirche – und vergisst oft die Welt um sich herum.

DAS SCHAFFE ICH NIE, schießt es der Kunstsinnigen möglicherweise durch den Kopf, wenn sie das erste Mal durch Regensburg schlendert. Schließlich ist sie süchtig nach Kulturgütern und möchte auf keinen Fall etwas übersehen! Bei der Fülle der historischen Gebäude, Kirchen, Klöster, Innenhöfe, Geschlechtertürme, Brücken, Plätze und Mauerreste einerseits und den vielen Galerien, Kunsthäusern, Museen und Antikhändlern andererseits scheint genau das nicht machbar. Wir geben es ja nur ungern zu: Es ist unmöglich! Selbst echte Regensburgerinnen, die ihr Leben hier verbracht haben, entdecken immer wieder Neues, Unbekanntes. Einmal abgesehen davon, dass sich auch die Kulturszene der Stadt stetig verändert und neu erfindet.

AUGEN AUF UND LOS! Das empfehlen wir in diesem Fall. Denn es geht hier nicht um Vollständigkeit, sondern um vollkommenen Kunstgenuss. Und den kann man in einem einzigen gotischen Gewölbe ebenso empfinden wie im gigantischen Dom. Eine kleine Bauplastik verrät möglicherweise mehr über ein Stadtviertel als die gesamte Häuserzeile. Und der Besuch eines Szene-Cafés spiegelt die Kulturinitiativen der Stadt mindestens genauso gut wider wie der städtische Kulturkalender. Lassen Sie sich also treiben! Schlendern Sie durch die Gassen und bleiben Sie einfach stehen, wenn Ihr Auge irgendwo hängenbleibt. Einen Plan können Sie immer noch machen, Themenführungen buchen oder sich gezielt Stadtspaziergänge und Kulturevents zusammenstellen. Und wenn Sie nicht einmal das schaffen? Dann kommen Sie wieder, ist doch klar!

WAS MACHT EINE FRAU, die sich vor allem für Kunst und Kultur interessiert, wenn sie einen oder mehrere Tage in Regensburg weilt? Wir sind davon ausgegangen, dass sie konsumiert. Kultur konsumiert, genauer gesagt. Unsere Auswahl an Geschäften und Ideen für die Freizeit mag daher auf den ersten Blick etwas einseitig erscheinen – sie ist aber auf diesen speziellen Bedarf zugeschnitten. Sollte etwas fehlen, spricht ja nichts dagegen, in den anderen Kapiteln zu stöbern und sich zum Beispiel in Sachen Mode oder Genuss zusätzlich inspirieren zu lassen. Schließlich steckt in jeder Frau mehr, als man(n) meist vermutet ...

Einkaufen & Flanieren

Antiquitäten im Coloneum

COLONEUM

Wussten Sie, dass einer der größten deutschen Kenner und Händler von original Art-Déco- und Biedermeier-Möbeln von Regensburg aus agiert? Es ist schier unglaublich, welche Schätze man während eines Spaziergangs durch die riesige Ausstellungsfläche entdeckt! Ganz gleich ob Sessel,

Tische und Stühle, Barmöbel, Vitrinen, Kommoden, Herrenzimmer oder Schränke – bei Alwin Homeier ist die Auswahl exquisit und die Beratung stimmt. Unser Tipp: Ein Besuch hier ersetzt manches Museum!

Watmarkt 3 | Mo. – Sa. 10.00 – 18.00 Uhr
coloneum-antik.de

ANTIKHAUS INSAM

Alte Kunst, exklusive Antikmöbel, vor allem Biedermeier-Sekretäre und Vitrinen, aber auch Jugendstil- und Art-Déco-Schmuck sowie antike Golfgeschenke lassen das Herz von Sammlerinnen höher schlagen. Das *Antikhaus* mit einer hauseigenen Werkstatt für Restaurierungsarbeiten befindet sich inmitten des ältesten Krämerviertels der Stadt – und ist auch wegen des integrierten Golfmuseums ein echtes Highlight. Eine großartige Adresse, unbedingt sehenswert!

Tändlergasse 3
Mo. – Sa. 10.00 – 18.00 Uhr
antikhaus-insam.de

AUKTIONSHAUS KEUP

Für Kunstinteressierte gibt es kaum einen spannenderen Ort: das *Auktionshaus.* In Regensburg steht das renommierteste direkt am Haidplatz und bietet regelmäßig Auktionen von Gemälden und Sammlerstücken, Schmuck oder Uhren. Die Termine werden über die Kundenkartei und den Newsletter stets frühzeitig bekannt gegeben; einen ersten Überblick verschafft man sich jedoch am besten vor Ort.

Haidplatz 7 | Mo. – Do. 10.00 – 17.00 Uhr
Fr. 10.00 – 15.00 Uhr
auktionshaus-keup.de

197

GALERIE BILD UND RAHMEN

Den passenden Rahmen für das erstandene Kunstwerk gibt es hier! Tatsächlich befindet sich der Fachbetrieb, der selbst Künstler fördert und ausstellt, mitten in der Altstadt. Die Beratung ist exzellent und die Auswahl an Passepartouts, Gläsern und Rahmen hervorragend. Einziger Haken: Man kann die Bilder nicht gleich mitnehmen, denn sie werden fachgerecht in der hauseigenen Werkstatt verarbeitet.

Wahlenstraße 20 | Mo. – Fr. 10.00 – 18.00 Uhr
Sa. 10.00 – 16.00 Uhr | Galerie-bildundrahmen.de

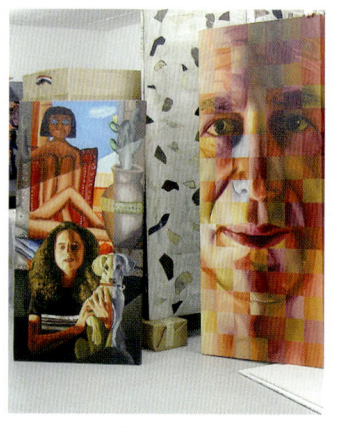

Moderne Kunst? Regensburg!

KOCON NATURE

Na klar, auch die Kunstsinnige ist gerne gut gekleidet. Farben und Muster spielen dabei durchaus eine Rolle. Daher ist diese kleine Boutique mit den außergewöhnlichen Röcken und Kleidern ein echter Geheimtipp. Die Stoffe sind hochwertig, die Schnitte manchmal echte Kunstwerke! Man braucht allerdings Zeit, um sich durch die dichten Kleiderstangen zu kämpfen. Doch es lohnt sich, denn hier gibt es großartige Kofferkleider im Wickellook und farbenfrohe Bekenntnisse zu einen ganz eigenen, selbstbewussten Stil.

Ludwigstraße 6 | Di. – Fr. 10.30 – 18.00 Uhr
Sa. 10.30 – 16.00 Uhr

Farbenpracht in den Regalen

198

PAUL LEU

Das Atelier für Mode und Design wird von Schneidermeister und Modedesigner *Paul Leu* geführt. Einen Namen hat sich das Geschäft vor allem durch die Maßschneiderei von Abend- und Tanzkleidern sowie (und das ist besonders spannend!) von historischen Kostümen gemacht. Wenn Sie also schon immer einmal Ihr ganz persönliches Rokoko-Outfit haben wollten oder einen Party-Auftritt im Josephine-Stil planen, ist das hier Ihre Adresse.

Stadtamhof 6 | Di. – Sa. 10.00 – 13.00 Uhr
und 14.00 – 19.00 Uhr | paulleu.de

Eine Kunst in Gold ...

FOTO ZACHARIAS

Dieses Geschäft gehört schon mehr als 100 Jahre zu Regensburg. Es ist ein Familienbetrieb wie aus dem Bilderbuch – mit allen Vorteilen für die Kunden: Ausführliche und fachkompetente Beratung sind Standard – ganz gleich ob als Amateurfotograf, Profi oder schneller Besucher, der ein gutes Passbild benötigt. Gute Kameras sind hier in besten Händen; und in speziellen Fotokursen erklären die Spezialisten gerne, worauf es bei Porträt-, Architektur- oder Landschaftsfotografie wirklich ankommt.

Gesandtenstraße / Ecke Rote-Hahnen-Gasse 7
Mo. – Fr. 9.30 – 18.30 Uhr | Sa. 9.30 – 16.30 Uhr
fotohaus-zacharias.de

THE WHISKY BROTHERS

Whisky? Als Shopping-Tipp für kunstsinnige Frauen? Aber ja! Denn bei über 250 Sorten Whisky, Gin und Rum geht es eindeutig um mehr als Spirituosen. Hier wird die hohe Kunst der Whisky-Verköstigung geradezu kultiviert, wobei namhafte und weltbekannte Destillen neben bayerischen Sorten auf ihre Entdeckung warten. Probieren Sie es einmal – Sie werden staunen, wie sanft, rund und verführerisch die goldene Flüssigkeit sein kann.

Glockengasse 8 | Mo. – Fr. 10.00 – 19.00 Uhr
Sa. 10.00 – 17.00 Uhr | the-whisky-brothers.de

Musikbegeisterte Frauen sollten zwei Top-Adressen in Regensburg unbedingt ansteuern: Im Musikhaus Wittl am Haidplatz 1 finden Sie eine große Auswahl an Instrumenten, Noten und einen richtig guten Reparaturservice (musik-wittl.de); bei Feuchtinger & Gleichauf, einem Musikalienhändler in der Niedermünstergasse 2, der seit 1891 (!) in Regensburg ansässig ist, geht es um Noten aller Art (feuchtinger-und-gleichauf.de). Außerdem gibt es mit Helmut Pöser einen echten Geigenbaumeister mit Werkstatt am Haidplatz 7: Hier wartet vielleicht Ihr ganz persönliches Instrument auf Sie (der-geigenbaumeister.de)!

Essen & Trinken

Viel Liebe zum Detail – das Museumscafé

CAFÉ IM HISTORISCHEN MUSEUM

Es ist ein Geheimtipp für ein gemütliches Frühstück in zauberhaftem Ambiente – und es ist bekannt für die köstlichen hausgemachten Kuchen. Außerdem hat es im Sommer mit der Rasenfläche im alten Kreuzgang der Minoritenkirche eindeutig einen der schönsten Freisitze der Stadt!

Keine Frage: Das *Café im Historischen Museum* (das man selbstverständlich auch ohne Museumsbesuch betreten kann!) ist ein wunderschöner Ort, um mit der besten Freundin zu plaudern, ein Buch zu lesen oder inmitten großartiger Architektur und Kunst einfach nur zu genießen.

Dachauplatz 4 | Mo. – Fr. 9.00 – 17.00 Uhr
Sa. – So. 9.00 – 18.00 Uhr | cafe-im-museum.de

LEERER BEUTEL

Kunst, Kultur und Kulinarisches – besser lässt sich das Konzept vom *Leeren Beutel* nicht beschreiben. Das Restaurant gehört zur Slow-Food-Bewegung und serviert nur Frisches und Regionales von handwerklich arbeitenden Herstellern abwechslungsreich zubereitet. Es liegt im Erdgeschoss des Städtischen Museums im alten Getreidespeicher aus dem 16./17. Jahrhundert und bietet daher automatisch das ganze Jahr extrem viel Kulturprogramm gleich mit. Allein die Räumlichkeiten sind sehenswert. Hier unbedingt mehr Zeit einplanen, es lohnt sich.

Bertoldstraße 9 | Mo. 18.00 – 1.00 Uhr
Di. – Fr. und Sa. 11.00 – 1.00 Uhr
leerer-beutel.de

KAMINSKI

Hinter der Grieb in einer der kleinsten Gassen der Altstadt versteckt sich das *Kaminski* in einem gotischen Gewölbe und mit einigen wenigen Freisitzen vor der Tür. Es ist eng, klein und gemütlich – und ziemlich beliebt. Die einen genießen hier das sagenumwobene Frühstück (sonntags geht das immerhin bis 18.00 Uhr!), andere schwören auf den Mittagstisch, der mit italienischer Küche oder asiatischen Currys lockt. Am Abend stehen hier Cocktails im Fokus – und voll ist es noch immer, oder schon wieder? Hier sollten Sie auf jeden Fall einmal einkehren!

Hinter der Grieb 6 | Mo. – Mi. 8.00 – 1.00 Uhr
Do. – So. 8.00 – 2.00 Uhr | So. 9.00 – 1.00 Uhr

ORPHÉE RESTAURANT

Es ist morgens, mittags und abends, häufig auch bis tief in die Nacht hinein, der beliebteste Treffpunkt für alle, die das Leben in Regensburg prägen, gestalten und kulturell so beleben. Die gute französische Küche, die herrliche Frühstückskarte und die vielen Events, die hier stattfinden, tun das ihrige. Unser Tipp: Verbringen Sie auf jeden Fall einige Stunden Ihres Regensburg-Aufenthaltes hier – näher kommen Sie dem Wesen und dem kulturellen Herz der Stadt kaum.

Untere Bachgasse 8 | Tägl. ab 8.00 Uhr
hotel-orphee.de

ANTON

Ein Hauch von Salzburg oder Wien weht durch das Lokal, im Hintergrund läuft leise Musik, die Einrichtung ist modern und freundlich. Das *Anton* im Haus der Musik ist so etwas wie eine Oase der Ruhe, in der sich herrlich und stilvoll bei kleinen Köstlichkeiten entspannen lässt. Denn das ehemalige französische Gesandtenpalais wurde liebevoll restauriert und durch die Gastronomie zusätzlich aufgewertet. Unser Tipp: Wem nicht nach Stille ist, der sollte im Sommer einen der begehrten Plätze draußen wählen.

Bismarckplatz 1 | Mo. – Sa. 9.30 – 20.00 Uhr
So. 9.30 – 19.00 Uhr | anton-cafe.de

CAFÉ UND BARKULTUR IM DEGGINGER

Moderne Kunst, Installationen, Kulturschaffende bei der Arbeit oder im Gespräch mit Wirtschaftsförderern – all das lässt sich im *Degginger* wunderbar beobachten, mitgestalten oder einfach nur erleben. Das neue Kreativzentrum der Stadt macht nicht nur die Kultur- und Kreativwirtschaft in Regensburg sichtbar, sondern zeigt einmal mehr, dass dazu auch ein passendes gastronomisches Angebot gehört. Achtung: Die Öffnungszeiten variieren je nach Nutzung der Räume. Am besten einfach vorbeischauen – die Passage von der Tändlergasse in die Wahlenstraße führt ohnehin mitten durch!

Wahlenstraße 17

TRATTORIA MARINA

Was von außen wie ein ganz normales italienisches Restaurant aussieht, entpuppt sich in mehrfacher Hinsicht als eine Top-Adresse für Genießer: Erstens ist die Küche immer frisch und gut, zweitens kann man an schönen Tagen herrlich draußen sitzen und die Menschen am Brückenkopf beobachten – und drittens gibt es hier eine kleine Terrasse mit einem geradezu musealen Panoramablick auf die Steinerne Brücke, den Dom und die mittelalterliche Skyline der Stadt. Unser Tipp: Reservieren Sie, sonst wird's nichts mit dem Terrassenplatz!

Am Brückenbasar 19
Mo. – So. 11.00 – 0.00 Uhr | trattoria-marina.de

Kultur & Design

Einer Kunstsinnigen zu erzählen, wo sie in Regensburg Sehenswertes findet, ist natürlich wie Eulen nach Athen tragen. Die Highlights wie der Dom, die Steinerne Brücke, das Fürstliche Schloss, das Alte Rathaus, das geheimnisvolle Schottenportal, das Kepler-Haus, die Porta Praetoria, die romanischen Kirchen, gotischen Gewölbe und mittelalterlichen Gassen stehen ohnehin auf ihrem Besichtigungsprogramm. An dieser Stelle möchten wir daher noch einmal auf die guten Führungen hinweisen, die bei der Tourist-Information (tourist-info.de) angeboten werden. Besonderes Highlight sind auch die Erlebnisführungen der Stadtmaus (stadtmaus.de) mit Themen wie Mit dem Nachtwächter unterwegs oder

Klassische Stadtverführung. Wir stellen Ihnen im Folgenden Orte in Regensburg vor, die zur historischen und aktuellen Kunst- und Kulturszene gehören, ohne dass man sie gleich auf den ersten Seiten der Reiseführer findet. Viel Spaß beim Entdecken!

OSTDEUTSCHE GALERIE

Spätestens dann, wenn Sie im Stadtpark vor der imposanten Fassade dieses ungewöhnlichen Museums stehen, wird Ihnen klar: Hier ist Bewegung im Spiel! Denn die knallrote und witzige Säuleninstallation der tschechischen Künstlerin Magdalena Jetlová ist das perfekte Entrée in eine Sammlung, die in Deutschland einzigartig ist: Es geht um die ehemals deutsch geprägten Kulturräume in Osteuropa – also auch um Künstler wie Otto Dix, Lovis Korinth, Käthe Kollwitz oder Sigmar Polke. Dahinter verbirgt sich die Stiftung *Kunstforum Ostdeutsche Galerie,* die über den Stiftungszweck wacht und Direktorin Dr. Agnes Tieze tatkräftig dabei unterstützt, die Sammlung mit immer wieder neuen, thematisch spannenden Wechselausstellungen zu bereichern. Sehenswert!

Dr.-Johann-Maier-Str. 5 | Di. – So. 10.00 – 17.00 Uhr
Do. 10.00 – 20.00 Uhr | kog-regensburg.de

KUNST- & GEWERBEVEREIN

Heimische Künstler und Kunsthandwerk zeigt der *Kunst- und Gewerbeverein Regensburg* in wechselnden Schauen. Ein guter Überblick mit teilweise erstaunlichen Highlights!

Ludwigstraße 6
Di. – So. 12.00 – 18.00 Uhr
kunst-und-gewerbeverein.de

SIGISMUNDKAPELLE

Die *Sigismundkapelle* im Thon-Dittmer-Palais ist einer der ungewöhnlichsten Ausstellungsräume der Stadt. Hier werden vor allem junge Positionen der Gegenwartskunst mit dem Schwerpunkt Oberpfalz/Niederbayern gezeigt.

Haidplatz 8 | Di. – Fr. 17.00 – 19.00 Uhr
Sa. 11.00 – 16.00 Uhr
regensburg.de/Sigismundkapelle

LEERER BEUTEL
STÄDTISCHE GALERIE

Der *Leere Beutel,* wie die Regensburger den riesigen alten Getreidespeicher nennen, bietet viel Raum für Kultur: Neben Veranstaltungsräumen, einem Restaurant und einem kleinen Kino befindet sich hier die Sammlung Ostbayerischer Kunst des 20. Jahrhunderts und der Gegenwart. In den imposanten Ausstellungsräumen oben unterm Dach, wo die alten Balken noch zu bewundern sind, finden regelmäßig Wechselausstellungen statt.

Bertholdstraße 9 | Di. – So. 10.00 – 16.00 Uhr
regensburg.de/museumsportal/

KUNSTKONTOR
WESTNERWACHT

Der ehemalige Gewürzstadel, der Ende des 6. Jahrhunderts auf den Fundamenten einer römischen Villa errichtet wurde, beherbergt heute eine Galerie für zeitgenössische Kunst und klassische Moderne. Schwerpunkte sind figurative Kunst und der Nachlass von Willi Ulfig, einem Vertreter des expressiven Realismus. Das Gebäude ist als Einzeldenkmal Teil des Weltkulturerbes Regensburg und allein deshalb sehenswert.

Weintingergasse 4 | Di. – Fr. 16.00 – 18.00 Uhr
Sa. 11.00 – 15.00 Uhr | westnerwacht.de

GALERIE
ANDREA MADESTA

Die Galerie in den historischen Räumen des ehemaligen Landolthauses zeigt moderne und zeitgenössische Kunst von international anerkannten Künstlern, aber auch junge, aktuelle Positionen. Sie setzt in der Stadt deutliche Akzente, was der Szene guttut. Besonders interessant: Die Galeristin ist immer zu intensiven Gesprächen über Kunst und ihr Konzept bereit – Diskussionsstoff inklusive!

Obere Bachgasse 16
Di – Fr. 11.00 – 16.00 Uhr | Sa. 10.00 – 15.00 Uhr
galerie-madesta.de

GALERIE
ISABELLE LESMEISTER

Junge und noch nicht arrivierte Künstler / -innen und Designer / -innen stehen bei *Isabelle Lesmeister* im Mittelpunkt – und das immerhin mit mindestens fünf wechselnden Ausstellungen im Jahr. Die kleine Galerie im jungen Szeneviertel der Stadt ist in jedem Fall sehenswert!

Obermünsterstraße 6
Di. – Fr. 14.00 – 19.00 Uhr | Sa 12.00 – 16.00 Uhr
galerie-lesmeister.de

Imposant: der Regensburger Dom

GALERIE KONSTANTIN B.

Es dürfte wohl die kleinste Galerie der Stadt sein. Versteckt in der östlichen Altstadt ist sie vielleicht auch die ungewöhnlichste: ein langer schmaler Raum, fertig. Klein, aber oho! Denn Bernhard Löffler zeigt zeitgenössische Kunst und Installationen, die immer für Gesprächsstoff sorgen. Und seine Vernissagen und Events sind witzig, provozieren Diskussionen und sind immer ein Publikumsmagnet.

Am Brixener Hof 11| Fr. 16.00 – 21.00 Uhr
und nach Vereinbarung | Mobil: 0179 322 00 64

KUNSTKABINETT

Wer Grafik liebt, sollte hier unbedingt mehr Zeit einplanen! Die Galerie liegt günstig und bei vielen Stadtspaziergängen sozusagen auf dem Weg. Was spricht also gegen einen Abstecher? Von klassischer Moderne bis zur zeitgenössischen Avantgarde bietet das *Kunstkabinett* mit den traumhaften zwei Ausstellungsebenen extrem viel Exponate und wechselnde Ausstellungen. Vielleicht finden Sie hier ja sogar ein neues Lieblingsstück für Zuhause ...

Untere Bachgasse 7
Di. – Fr. 11.00 – 18.00 Uhr | Sa. 11.00 – 14.00 Uhr
kunstkabinett-regensburg.de

AUCH EINEN BESUCH WERT

Der *Kunstverein Graz* in der Schäffnerstraße 21 (Hinterhof), eine vielseitige Initiative von Künstlern und Freunden der Kunst mit einem umfassenden Kulturprogramm *(kunstvereingraz.de);* der *Neue Kunstverein* am Schwanenplatz 4, der aktuelle Strömungen der Kunst repräsentiert *(neuerkunstverein.de),* die *Galerie Art Affair* in einer alten gotischen Hauskapelle mit meist großformatiger und farbenfroher Gegenwartskunst und die *Galerie Hammer* in der Unteren Bachgasse 6, die exklusiv das Werk von Helène de Beauvoir (1910–2001) zeigt und den Nachlass verkauft *(hammergalerie.de).*

Regensburg ist eine Stadt der starken und mutigen Frauen!
Hier lebten und wirkten u. a. die Kaisergeliebte Barbara Blomberg (* um 1527), die Wohltäterin Julie von Zerzog (*1799), die Köchin Maria Schandri (ihr Kochbuch von 1866 wird heute noch verwendet), die erfolgreiche Kauffrau Margarethe Runtinger (14. Jhdt.) und die Bestsellerautorin Sandra Paretti.

DR. MARITA A. PANZER, HISTORIKERIN UND AUTORIN
ZAHLREICHER (FRAUEN-) BIOGRAFIEN

Freizeit & Beauty

Und was kann man in der Freizeit noch alles unternehmen, um Körper und Seele glücklich zu machen? *Spazierengehen* natürlich, das bietet sich in Regensburg an. Nehmen Sie sich Themen vor und machen Sie sich auf die Suche nach den vielen *Geschlechtertürmen,* den *Gesandtenpalais,* den *römischen Spuren* oder den *Bettelorden.* Genießen Sie ein Gratis-*Domspatzenkonzert,* indem Sie sonntags das Hochamt im Dom besuchen. Und wenn Sie noch mehr Lust auf Kultur haben? Dann hätten wir noch ein paar Tipps für Sie …

HISTORISCHES MUSEUM

Im *Historischen Museum* in den Gebäuden des ehemaligen Minoritenklosters erfahren Sie alles Wissenswerte zur Stadtgeschichte – von der Steinzeit bis zum 19. Jahrhundert. Das verschafft einen guten Überblick und endet besonders schön bei Kaffee und Kuchen im Museumscafé. Besonders sehenswert: der alte Kreuzgang und die Minoritenkirche.

Dachauplatz 4 | Di. – So. 10.00 – 16.00 Uhr

TURMTHEATER

Im sechsten Stock des Goliath-Hauses mitten in der Regensburger Altstadt befindet sich das *Turmtheater* mit nur 79 Plätzen. Gezeigt werden hier vor allem Kabarett, Grotesken und Komödien, aber auch Improvisationstheater. Dank einer integrierten Bar und des gemütlichen Ambientes werden Theaterabende hier zu einem einmaligen Erlebnis.

Am Watmarkt 5 | regensburgerturmtheater.de

SALZSTADEL

Interaktiv und medial aufbereitet ist die Geschichte der Stadt Regensburg im *Salzstadel* direkt an der *Steinernen Brücke* zu erleben. Außerdem befindet sich hier auch das Besucherzentrum Welterbe Regensburg.

Brückstraße 2 | Tägl. 10.00 – 19.00 Uhr
regensburg.de

HOFBIBLIOTHEK

Die *Hofbibliothek* ist die ehemalige fürstliche Bibliothek, die in der zweiten Hälfte des 18. Jahrhunderts aus dem Nachlass des damaligen Fürsten Alexander Ferdinand gegründet wurde. Sie besitzt praktisch alle Publikationen zur Geschichte des Postwesens und der fürstlichen Familie und unterstützt heute Wissenschaftler, die in diesen oder verwandten Bereichen arbeiten. Berühmt ist sie für den Asam-Saal mit den prachtvollen Deckengemälden, den einzigen Bibliothekssaal des bayerischen Barockmalers Cosmas Damian Asam. Unser Tipp: Machen Sie eine Führung mit, es lohnt sich!

Emmeramsplatz 5 | Mo. – Fr. 8.00 – 13.00 Uhr
hofbibliothek-thurnundtaxis.de

Unser Tipp: Auf Details achten

Nachtleben

PALETTI BAR

Das *Paletti* gibt es gefühlt schon immer. In Wahrheit sind es immerhin mehr als 30 Jahre, seit die erste italienische Szenebar in der Stadt eröffnete. Und die Szene trifft sich noch heute hier: Unter Wandmalereien von Künstler Günter Kempf und im Kreis eines bunt gemischten und durchaus auch älteren Publikums. Keine Frage: Dieser Treffpunkt hat Klasse – und zwar von morgens früh bis abends spät. Unser Tipp: Erleben Sie einen langen Abend im Paletti und lernen Sie Regensburg wirklich kennen. Macht Spaß!

Gesandtenstraße 6
Mo. – Sa. 8.00 – 1.00 Uhr | So. 16.00 – 1.00 Uhr
facebook.com/pallettibar

LANGE NACHT DER GALERIEN

Sie findet jedes Jahr am dritten Samstag im September statt und zeigt, was die Regensburger Galerien und Kunstvereine zu bieten haben. Dazu gibt's Getränke, Live-Musik und viele interessante Gespräche über Kunst, Künstler, Kunstkenner und solche, die es gerne wären.

regensburg.de/veranstaltungen

GARBO KINO

Wer noch echtes Programmkino schätzt und seine Abende gerne vor der flimmernden Leinwand verbringt, ist hier genau richtig. Der Fünfziger-Jahre-Look ist legendär, die roten Polstersessel super-bequem – so geht Kino!

Weißgerbergraben 11a | Tel. (0941) 5 75 86
Aktuelles Programm: altstadtkinos.de

Hotels

DOMIZIL

Domizil Regensburg ist kein Hotel, sondern eine individuelle Unterkunft ganz nah am Dom. Die Wohnung mit drei Schlafräumen, Kamin, hauseigener Bibliothek zur Stadtgeschichte und offener Küche ist mit Designermöbeln eingerichtet und kann bis zu sechs Personen beherbergen. Ein echter Geheimtipp für alle, die keine Lust auf ein Hotel haben, aber sehr anspruchsvoll sind.

Salzburgergasse 1 | domizil-regensburg.de

BLAUER TURM

Der *Blaue Turm* ist ein spätgotisches Traufseitenhaus, das im Laufe der Jahrhunderte mehrmals umgebaut und erweitert wurde. Daraus entstand ein einmaliges historisches Ensemble mit charmanten Spuren aus mehreren Epochen. Es wurde unter der Leitung von Kathrin Fuchshuber, der Inhaberin des gegenüber liegenden Hotels *Münchner Hof,* liebevoll restauriert und in mehrere Gästezimmer verwandelt. Für Frauen mit Sinn für Kunst ist dieses Ambiente ein Erlebnis.

Tändlergasse 14 | muenchner-hof.de

Perspektivenspiel – manchmal lohnt sich ein anderer Blick

Der Blaue Turm

213

Tipps A – Z

Lieblingsorte

Dörnbergpark

EINE BANK IM DÖRNBERGPARK

Das ist in der Tat einer der idyllischsten Orte in der Stadt – und ganz unkompliziert. Nehmen Sie sich ein gutes Buch mit und suchen Sie sich eine der frei herumstehenden weißen Bänke im Park, die Sie sich genau dorthin bewegen, wo Sie gerne sitzen möchten. Und dann? Stille genießen, dem Vogelgezwitscher lauschen und ins Buch eintauchen. Einfach nur schön!

 Dörnbergpark an der Kumpfmühler Straße
durchgehend geöffnet

MINORITENKIRCHE

Die ehemalige Bettelordenkirche im Osten der Altstadt ist heute Teil des Historischen Museums der Stadt. Der Kirchenraum ist nach dem Dom der zweitgrößte Sakralraum der Stadt und wird heute als Ausstellungsfläche, für Veranstaltungen und als imposanter Konzertraum (Orgelkonzerte!) genutzt. Unbedingt anschauen und mit etwas Glück an einer Sonntags-Matinee teilnehmen.

 Dachauplatz 2
Informationen: regensburg-entdecken.de

216

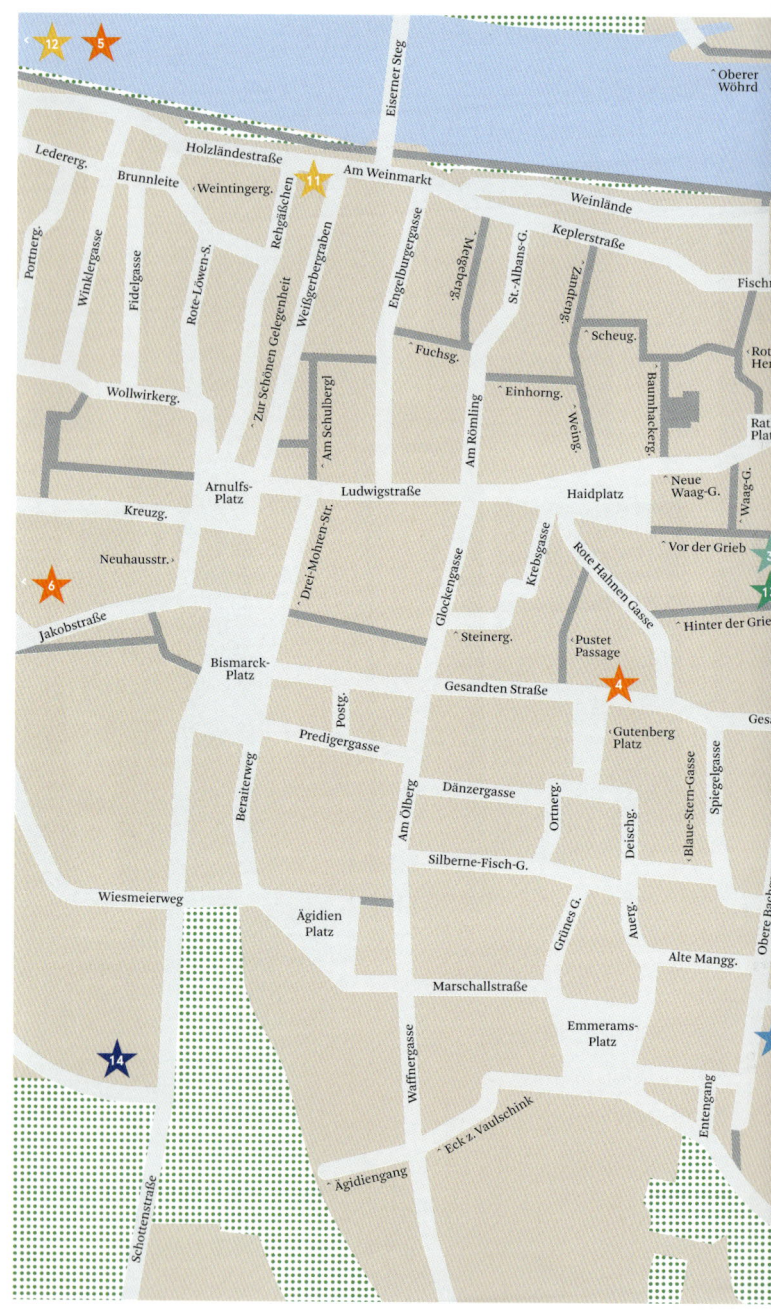

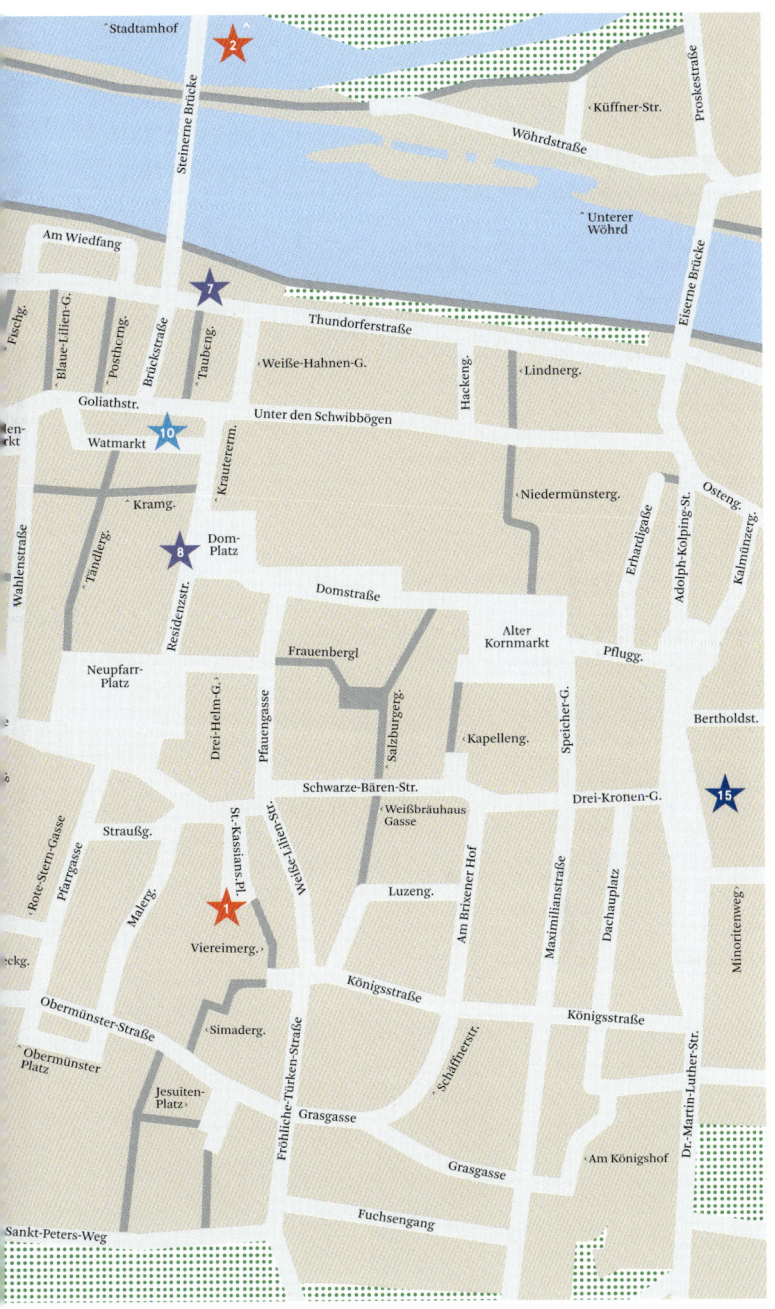

ABBILDUNGSVERZEICHNIS

ABBILDUNGSVERZEICHNIS

ABBILDUNGSVERZEICHNIS

DIE STILVOLLE

Hubert H Woman (2015). Innenansicht. Stand: 29.12.2015.
http://www.hubert-h.de/typo3temp/fl_realurl_image/hubert-h-woman-06-hu.jpg *Seite 122*

Schreiner (2015). Innenansicht. *Seite 125*

Teehaus Bachfischer (2015). Teehaus Bachfischer von außen. Stand: 14.01.2016.
https://teehaus-bachfischer.de/ *Seite 127*

Hotel Goliath (2013). Frühstück im Goliath. *Seite 129*

Thekkeveettil, Jens (2015). Saxophon. Stand: 14.01.2016.
https://unsplash.com/photos/dBWvUqBoOU8 *Seite 133*

Massanz (2015). Walhalla. Stand: 14.01.2016.
https://www.flickr.com/photos/64552256@N08/24161397176/ *Seite 136/137*

Hotel Goliath (2013). Goliath-Bar am Abend. *Seite 138*

Hotel David (2015). Zimmeransicht & Zimmeransicht mit Bad. *Seite 139*

Storstad (2015). Terrasse von oben. *Seite 142*

DIE AKTIVE

Zitzelsberger, Juliane (2013). Balletttänzerin Pavlina Kupfer, Velodrom. *Seite 150*

Bodega (2014). Bodega bei Nacht. *Seite 151*

Rufus46 (2013). Stadtamhof Regensburg. Stand: 14.01.2016.
https://commons.wikimedia.org/wiki/File:Stadtamhof_Regensburg-3.jpg *Seite 153*

Orgelputzer (2015). Dreieinigkeitskirche Regensburg. Stand: 14.01.2016.
https://commons.wikimedia.org/wiki/File:Dreieinigkeitskirche_Regensburg_18.jpg *Seite 158*

Pixabay (2016). Kanufahrt. Stand: 14.01.2016.
https://pixabay.com/de/kanu-see-wald-natur-wasser-boot-918969/ *Seite 161*

Orkan (2016). Innenansicht. *Seite 168*

Klein, Rupert (2012). Dom und Steinerne Brücke. *Seite 169*

ABBILDUNGSVERZEICHNIS

DIE MODEBEGEISTERTE

La Donna (2014). Innenansicht. *Seite 174*

Showroom (2013). Innenansicht Tresen & Innenansicht Tresen. *Seite 176*

La Donna Scarpe (2014). Außenansicht. *Seite 177*

Braun, Max (2011). Coffee. Stand: 21.01.2016.
https://www.flickr.com/photos/maxbraun/6119025115 *Seite 181*

Miller (2015). Regensburger Seifenflocken. *Seite 182*

Delanoix, Antony (2015). Party. Stand: 24.01.2016.
https://unsplash.com/photos/hzgs56Ze49s *Seite 184 / 185*

Hotel Henry VIII (2015). Grand Suite. Stand: 24.01.2016.
http://hotel8-regensburg.de/unsere-zimmer/ *Seite 187*

Orphée (2015). Außensitz am Abend. *Seite 190*

DIE KUNSTSINNIGE

Coloneum (2015). Innenansicht. *Seite 196*

Peretz, Rafi (2014). Gemälde des Realismus. Stand: 21.01.2016.
http://www.wetcanvas.com/forums/archive/index.php/t-1335177.html *Seite 198*

Euler, Thomas (2009). Colorful Fabrics. Stand: 21.01.2016.
https://www.flickr.com/photos/thomaseuler/3654354664 *Seite 198*

Didriks (2015). Spencer Peterman Board, Schott Zwiesel Forte Whisky. Stand: 21.01.2016.
https://www.flickr.com/photos/dinnerseries/19578195345 *Seite 199*

Burges, Maria (2014). Museumscafé. *Seite 201*

Hirsch, Jens (2006). Innenansicht Dom St. Peter. Stand: 21.01.2016.
https://upload.wikimedia.org/wikipedia/commons/3/37/Dom_St._Peter.JPG *Seite 207*

Schaefer, Dierk (2013). Spaziergang durch Regensburg, Jonas und der Walfisch. Stand: 21.01.2016.
https://www.flickr.com/photos/dierkschaefer/9998711934 *Seite 211*

Klein, Rupert (2011). Perspektivenspiel. *Seite 212 / 213*

Hotel Blauer Turm (o.A.). Außenansicht. *Seite 213*

Rinkl, Rosa-Maria (2014). Blick in den Dörnberg-Park in Regensburg mit altem Baumbestand.
Stand: 21.01.2016. https://commons.wikimedia.org/wiki/File:Dörnberg-Park_in_Regensbug.JPG *Seite 216*

KARIN VAN THOLEN ist gebürtige Oberpfälzerin und lebt seit rund 35 Jahren in Regensburg. Sie arbeitet selbstständig in der Touristik-Branche und kennt sich in der Region sehr gut aus. Ihr Steckenpferd sind außergewöhnliche Dekorationen, Geheimtipps in Sachen Essen, Mode und Wellness – und sie liebt es, besondere Orte zu entdecken und mit Freundinnen zu teilen.

CAROLA KUPFER lebt seit 2008 in Regensburg. Die Schriftstellerin, die bereits mehrere historische Romane veröffentlicht hat, engagiert sich leidenschaftlich für die regionale Kulturszene. Außerdem hat sie sich intensiv mit der Stadtgeschichte befasst und weiß genau, wo Besucher die Magie historischer Plätze besonders intensiv spüren. *carola-kupfer.com*